高宇 著

U0865545

长安处处有故事

西安地名

陕西新华出版传媒集团
陕西人民教育出版社
·西安·

图书在版编目（CIP）数据

长安处处有故事．西安地名 / 高宇著．-- 西安：
陕西人民教育出版社，2021.1（2024.9重印）
ISBN 978-7-5450-7854-1

Ⅰ．①长… Ⅱ．①高… Ⅲ．①西安—地方史②地名—
西安 Ⅳ．①K294.11

中国版本图书馆CIP数据核字(2020)第229021号

CHANG'AN CHUCHU YOUGUSHI
长安处处有故事

XI'AN DIMING
西安地名

高宇　著

责任编辑　郑丹阳　姚　曳
封面设计　见山文化
内文设计　秦呈辉
出版发行　陕西新华出版传媒集团
　　　　　　陕西人民教育出版社
地　　址　西安市丈八五路58号
经　　销　各地新华书店
印　　刷　陕西金和印务有限公司
成品尺寸　165 mm × 240 mm
印　　张　15.5
字　　数　300千字
版　　次　2021年1月第1版
印　　次　2024年9月第4次印刷
书　　号　ISBN 978-7-5450-7854-1
定　　价　49.00元

序　长安处处有回忆

樊　登

樊登读书创始人

俄罗斯有一句谚语说："所谓故乡，不是你熟悉那里的一草一木，而是那里的一草一木都熟悉你。"只有回到西安，我才有这种感觉。比如钟楼，在游客们看来它是一个合影的对象，或者是可以拾级而上去敲响钟声的地方。但对我而言，只要来到钟楼周边，就找到了小时候过春节闲逛的放松感。不需要上去，也不能上云，上去了，就变成了外地人，似乎必须大呼小叫的样子。我只需要站在邮电大楼门前的广场上看看它，就仿佛回到了十几岁的年纪，兜里揣着压岁钱和糖果，怎么就那么富足和放松。

城墙根儿，是我们小时候放学常走的路线，比较刺激，因为人少，而且旁边都是比地面还低的棚户区。从下马陵走到建国门，总要碰到一些奇奇怪怪的人和事。对青春期的男孩子来说，这一路就像探险一样。总有人忍不住想学电视里的燕子李三，来一个"壁虎游墙功"爬上城墙，你时常会看到城墙的半中央贴着几个上不去也下不来的少年。现在神秘的城墙根儿不再有当年的氛围，取代的是酒吧咖啡馆的热闹繁华，那些守在这里的经营者，恐怕就有我们当年的小伙伴吧。作为游客，你大可以去喝一杯，靠着城墙，你就融入了历史。

大雁塔现在是最热闹的地方，20世纪80年代的时候却像古代一样幽静。那时候它的周围没有什么建筑，更没有雾霾，所以可以远远地眺望大雁塔、小雁塔和终南山。它们之间隔着大片的麦田，只有这样的场景，才配得上唐三藏在这里译经。译到疑难处，唐三藏抬头看看鸿雁南飞，听听远处城里传来的晨钟暮鼓，心一下子就静了下来。

我家住在东大街上的建国路口，随便往建国路里走两步就是张学良公馆，这里是决定新中国命运的地方。我每天上学放学都从它的门前经过，但至今没有进去过一次。回到故乡我似乎就变成了孩童，对于那高耸的院墙和紧闭的铁门有一种习惯性的敬而远之。那么神秘的所在，怎么能买票就进去看呢？我到沈阳参观大帅府就没有这么谨慎过，但身边的张学良公馆，却始终让我却步。张学良公馆对面的那个院子我进去过，有很多同学就住在里面。同他们一起的还有路遥、陈忠实、贾平凹……

我所感的只是我24岁以前在西安的记忆。如果可以穿越历史，一定有更多更有价值的故事等着我们发掘。《长安处处有故事·西安地名》便是深入挖掘西安的各个地名传承、历史遗迹、风流人物的一本书。它一定会带给读者更多的历史和回忆，这些回忆是个人私藏的，也是民族共有的。现在回西安也会被朋友带到繁华热闹的开发区，看它张灯结彩的潮流模样，但我更喜欢的是沿着城墙，走入一条小巷，寻一碗葫芦头泡馍，掇一条长凳，坐下来慢慢掰馍，任思绪纷飞……

自　序

高　宇

朱雀大街和南二环十字东南边，有个叫“辛家坡”的小区，这里明朝时叫心焦村，清朝末年根据地势改名为辛家坡。我曾在那里租房，某日朋友送我回家，问我地址，我随口答“辛家坡”。朋友沉思半天疑惑道：“老高，你平时在我面前装穷，什么时候在海外置的业？”直到目的地他才恍然大悟，“辛家坡”而非“新加坡”。

外地朋友了解西安最直观的方式就是地名。新中国成立前，西安只有四百八十条道路，后随着区域的不断扩大，至2020年已经有一千多条道路，而且还在不断增加。有些地名带着浓浓的文艺气息，如香湖湾、德福巷、乐游原；有些地名是历史的记录者，如开远门、含元殿、未央路；有些地名是文化的延续，如书院门、三学街、举院巷；还有一些寓意美好的名字，如永宁门、安居巷、康复路。有朋友给我说，其他不谈，有一些地名单纯就是好听，如白鹭湾、鱼化寨、里花水。

西安地名一般由地理、神话、名人、典故、功能、姓氏、遗迹和外传八部分构成。

我们经常能在西安地名里看到“沟”“嘴”“湾”“滩”“曲”，甚至“山脉”，如碑林区的太乙路来源于太白山，曲江因水流众多而得名。但是地形总是随着时间推移而变化，高地变峡谷，河流变山脉，变得面目全非也有可能。

西安的神话传说很多，以神话或上古神兽命名的地方不胜枚举，“朱雀”“玄武”“丹凤”三座名门的传说，北边的龙首原和南边的凤栖原关于风水的传说，流传千年。西安的名人浩如繁星，纪念名人的地名，如玉祥门、樊川、何家营，都有一位历史名人加持。

西安的“明德门”“含元殿”是典型的典故命名。西安城北还用“元朔”“永徽”“贞观”等帝王的年号作为地名，这些词语寓意美好，让人联想到历史上强汉盛唐时代的无限恢宏，这也是西安人甚至整个华夏民族津津乐道的话题之一。

西安城内有一些功能性的地名，比如案板街曾是卖案板的，竹笆市曾是经营木器和竹器的。此类地名还有炭市街、冰窖巷等。它们简单直接，意思浅显，大多出现在明清时期。

和功能性的地名一样，西安因姓氏集合的村寨大多出现在明清时期。如灞桥区的田王村，是田氏和王氏生活的地方；碑林区的何家村，是清朝何姓人定居的地方。

西安历经十数个王朝的变迁，历史遗迹很多，秦朝的阿房宫，汉朝的天禄阁、唐朝的大雁塔，包括新中国成立后的标志性建筑纺织城、西影厂等，都是在特定的历史背景下诞生的。

西安有些地名，如雁塔区的瓦胡同，让人感到迷惑的金浮沱、马浮沱都是从其他地方传入的，本书中也会做详细解释。

西安地名的读法有两种来源：一种是官方记载，一种是百姓之间约定俗成的叫法。如八水绕长安的“潏河”中的“潏”，字典中只有“yù”的读音，但是民间读“jué”；莲湖区麦苋街中的“苋”，字典中读“xiàn”，但老百姓世代读“jiān”；长延堡、六村堡等地名中的“堡”，字典中有三种读音，这里读“bǔ”，表示有城墙的村镇，今天这些地方的城墙已经消失，但出于军事防御的历史记载还在。还有一些有争议的读音，比如阿房宫，目前主流观点认为读作“ē páng”，给出的解释是“阿”字表示山下弯曲的地方，“房”通“旁”，当然读作“ē fáng gōng”和“ā páng gōng”，也各自有自己的解释。有些主流的读法不一定正确，比如“涝河”的“涝”，社会主流都读“lào”，解释为水过多，产生涝灾，但是当地人认为这是他们的母亲河，要读“láo”。密宗祖庭“大兴善寺”的读法很多人也不清楚，直接说“兴善寺”，其实是不准确的，应该读“大兴 / 善 / 寺”：“大兴”是连在一起的，表示隋文帝当初在北周的封号，也是隋朝都城的名字，是不能拆开的；“善”表示寺庙所在的“靖善坊”。

西安有些地名很有趣。初唐宰相魏徵以敢于直谏著称，他或许想不到，一千多年后，自己居住的“永兴坊”，竟会变成“吃货”的打卡圣地；西安有七个地方叫“小寨”，四个地名叫“二府庄”，两个“纬二街”（现雁塔区纬二街官方叫“雁塔西路”），打车的时候，一定要给师傅说清楚，是去哪个区域。

小寨西路和朱雀大街交叉口俗称“子午路十字”，但是你在周围走上一圈，根本找不到子午路。这和地名的变化有关，朱雀大街在小寨西路以南的一段，以前叫作“子午路”，1981年统一改为朱雀大街，虽然名字改了，但这个交叉口的住户依然称这里为“子午路十字”。

人生就像是钟楼的地下通道，出口很多，我们兜兜转转，踏上不同的出口，就会呈现出不一样的生活；人生有时候又像南二环，明知道竞争对手太多，举步维艰，但仍然选择上路。有的地名已经存在了千年，有的道路刚刚开通；有的故事传着传着就变味了，有的名字讲着讲着就消失了……也许你曾经傲立于秦岭之巅，俯视众生；或许你正混迹在回民街的市井之间，默默无闻，但请珍惜这些地名，也请珍惜为长安历史做传承的人。

一本《长安处处有故事 · 西安地名》，不一定能影响很多人，只是在您经过西安的某一个地方时，出于好奇，翻开这本书，然后感叹：“哦，原来是这样！”那就已经足够。但请记住，把书上的内容讲给您身边的朋友，讲给住在这里的人，讲给孩子们听。

谨以此书，送给热爱长安的人，也特别送给高君贤小朋友！不用努力成为一个成功者，要努力成为一个有价值的人，世上本没有路，但我们要知道前进的方向。

目　录

风流人物

德福巷　西安最早的民办报纸诞生地 · · · · · · · · · · · · · 004
杜回村　陕西人“挖坑”游戏名字的起源 · · · · · · · · · · 006
陈东村　神医扁鹊葬于西安却无人知晓 · · · · · · · · · · · 008
秦始皇陵　史上最神秘的帝王陵 · · · · · · · · · · · · · · 010
四浩庄　汉高祖都惹不起的老年团 · · · · · · · · · · · · · 012
天禄阁　汉朝的国家图书馆 · · · · · · · · · · · · · · · · 014
细柳营村　皇帝的马车被限速 · · · · · · · · · · · · · · · 016
元朔路　“但使龙城飞将在”的“飞将”是谁？ · · · · · · · · 020
邓店村　云台二十八将之首 · · · · · · · · · · · · · · · · 022
李家坡　写尽山水却被渴死的郦道元 · · · · · · · · · · · · 024
杜曲　我们特产“宰相” · · · · · · · · · · · · · · · · · · 026
重阳宫　历史上真实的王重阳和全真教 · · · · · · · · · · · 028
净业寺　佛教律宗祖庭 · · · · · · · · · · · · · · · · · · · 030
后所寨　武则天在这里出家为尼 · · · · · · · · · · · · · · 032
何家营　世界上最早的乐谱 · · · · · · · · · · · · · · · · 034
香米园　西安美食“水晶饼”的由来 · · · · · · · · · · · · 036
药王洞　帝王和药王的友谊 · · · · · · · · · · · · · · · · 038
辛家庙　元朝运气最好的人 · · · · · · · · · · · · · · · · 042
菊花园　改变西安近代历史的风云人物 · · · · · · · · · · · 044
西影路　从西影厂走向世界的中国电影 · · · · · · · · · · · 046

地名传承

双寨　史上笑点最高的女子 · 050
秦镇　两千多年历史的秦镇米皮 · · · · · · · · · · · · · · · · · 052
长里村　仓颉造字的地方 · 054
卢家口村　汉朝最高的建筑 · · · · · · · · · · · · · · · · · · · 056
南姜村　小国的辛酸流亡史 · · · · · · · · · · · · · · · · · · · 058
八里村　唐高宗居住过的地方 · · · · · · · · · · · · · · · · · · 062
三桥　古长安西大门 · 064
瓦胡同村　为什么西安会有“胡同” · · · · · · · · · · · · · · 066
温国堡　只做了十七天的唐朝皇帝 · · · · · · · · · · · · · · · · 068
延兴门　唐朝的宰相社区 · 070
小寨　西安有多少个叫“小寨”的地名? · · · · · · · · · · · · 072
广泰门　秦朝灭亡于此 · 074
甜水井　含光井水有点甜 · 076
北大街　为什么北大街比南大街长? · · · · · · · · · · · · · · · 078
端履门　真的是整理鞋子的地方吗? · · · · · · · · · · · · · · · 082
十里铺　明朝的驿站体系 · 084
贡院门　陕西诞生过几个文状元? · · · · · · · · · · · · · · · · 086
五味什字　给慈禧太后看病的人 · · · · · · · · · · · · · · · · · 088
北院门　晚清王朝的政治中心 · · · · · · · · · · · · · · · · · · 090
习武园　康熙皇帝检阅兵马的地方 · · · · · · · · · · · · · · · · 092

- Find stories everywhere in Chang'an

神话传说

龙首原　这里真有神龙现身吗? · · · · · · · · · · · · · · · · 096
凤栖原　真有凤凰在这里栖息吗? · · · · · · · · · · · · · · · 100
孟村镇　女娲补天的地方? · · · · · · · · · · · · · · · · · · 102
太乙路　各个版本哪吒的师父 · · · · · · · · · · · · · · · · · 104
翠华路　独立女性成仙记 · · · · · · · · · · · · · · · · · · · 106
赵代村　财神爷赵公明的故里 · · · · · · · · · · · · · · · · · 108
北堡寨村　《封神演义》中闻太师葬身之地 · · · · · · · · · · 110
门家村　赵国上卿蔺相如为何埋在秦地? · · · · · · · · · · · 112
高陵　秦国龙脉之地 · 114
古观音禅寺　为什么这里的银杏树能生长千年? · · · · · · · · 116
牛头禅寺　慈禧太后唯一指定用水 · · · · · · · · · · · · · · 118
红庙坡　红庙里拜的哪一尊神仙? · · · · · · · · · · · · · · · 120
神鹿坊　敢问“鹿”在何方? · · · · · · · · · · · · · · · · · 124
薛家寨　评书《薛刚反唐》的历史依据 · · · · · · · · · · · · 126
八仙庵　吕洞宾在这里悟道修仙 · · · · · · · · · · · · · · · 128
狄寨　一位叫“天使”的将领 · · · · · · · · · · · · · · · · · 130
鸣犊镇　《水浒传》中第一位出场的梁山好汉原型 · · · · · · 132
立新街　雷人的雷神形象 · · · · · · · · · · · · · · · · · · · 134
五星街　天庭基层干部的住所 · · · · · · · · · · · · · · · · · 136
印花布园　古人是如何印染布料的 · · · · · · · · · · · · · · · 138

深度揭秘

郭杜　这里住着三皇五帝“尧”的后裔 · · · · · · · · · · · · · 142
韩森冢　秦始皇父亲的埋葬之地? · · · · · · · · · · · · · · 144
油王村　秦始皇铸造的十二个铜人去哪儿了? · · · · · · · · · · 146
三兆村　杜陵守陵人的小发明 · · · · · · · · · · · · · · · · 148
洪庆堡村　秦始皇在哪里焚书坑儒? · · · · · · · · · · · · · 150
等驾坡　等的是哪位帝王的圣驾? · · · · · · · · · · · · · · 154
苗驾庄　西汉国家铸钱机构 · · · · · · · · · · · · · · · · · 156
讲武殿　北周在这里建国 · · · · · · · · · · · · · · · · · · 158
华胥镇　中华始祖发源地 · · · · · · · · · · · · · · · · · · 160
古迹岭　唐朝的官方刑场 · · · · · · · · · · · · · · · · · · 162
祭台村　“不学瓦岗一炉香”出自于此? · · · · · · · · · · · · 164
三府湾　唐睿宗的住宅改造工程 · · · · · · · · · · · · · · · 166
洒金桥　皇帝大把撒钱的地方 · · · · · · · · · · · · · · · · 168
胡家庙　比萨起源于西安? · · · · · · · · · · · · · · · · · 170
春明门　刘禹锡在这里写下名句 · · · · · · · · · · · · · · · 172
金花路　唐朝宫女的最终命运 · · · · · · · · · · · · · · · · 176
浮沱　来自草原的地名 · · · · · · · · · · · · · · · · · · · 178
西南城墙角楼　我是圆的，你们都很方 · · · · · · · · · · · · 180
桥梓口　周公为何三次痛打儿子? · · · · · · · · · · · · · · 182
东稍门　消失的城防哨所 · · · · · · · · · · · · · · · · · · 184

历史遗迹

半坡　奥运会吉祥物的设计灵感来源于此 · · · · · · · · · · · · 188
楼观台　道家七十二福地之首 · · · · · · · · · · · · · · · · 190
秦二世陵　以百姓之礼下葬的帝王 · · · · · · · · · · · · · · 192
木塔寨　隋唐长安城最高的建筑 · · · · · · · · · · · · · · · 194
含元殿　世界上最大的宫殿 · · · · · · · · · · · · · · · · · 198
天坛路　天下第一坛 · 200
香积寺　“放下屠刀，立地成佛”故事的发生地 · · · · · · · 202
青龙寺　最美的樱花缘于千年佛法 · · · · · · · · · · · · · · 204
小雁塔　另一位去西天取经的高僧 · · · · · · · · · · · · · · 206
何家村　考古史上最牛的村子 · · · · · · · · · · · · · · · · 208
碑林　为什么这里的“碑”字少一撇? · · · · · · · · · · · · 210
兴教寺　玄奘大师真身舍利存放之地 · · · · · · · · · · · · · 212
兴庆宫　“力士脱靴，贵妃捧墨”的地方 · · · · · · · · · · 216
安远门　差点被拆掉的西安城墙 · · · · · · · · · · · · · · · 218
鼓楼　古代是如何报时的? · · · · · · · · · · · · · · · · · 220
广仁寺　西安离西藏最近的地方 · · · · · · · · · · · · · · · 222
止园　陕西人不能忘记的将军 · · · · · · · · · · · · · · · · 224
七贤庄　红色驿站，西安“八办” · · · · · · · · · · · · · · 226
纺织城　曾被誉为西安的“小香港” · · · · · · · · · · · · · 228
陕西历史博物馆　一百七十多万件文物，你看过几件? · · · · 230
后记 · 232

城市本意尘世，

长安亦是常安。

我们生活在城市里，

行囊轻或重，

路途远或近，

灵魂的孤独本就是常态，

思想的相逢才是场意外。

愿您在长安的每个角落，

都能在我们的书中找到共鸣，

找到热爱。

今西安市阿房路、天台路、兵马俑等地名均来源于历史上的这位始皇帝

今西安市文景路、细柳营村、代王街办等地名均与这位西汉治世皇帝有关

元朝驻守西安的第一任安西王，今石家街、胡家庙等地名与其相关

元朝驻守西安的第二任安西王，今辛家庙、周至辛家寨等地名与其相关

风流人物

The
Chang'an
story

德福巷

西安最早的民办报纸诞生地

1908年，陕西省渭南市富平的一位少年考入了“西安健本学堂”（原西大街富平会馆）。当时晚清朝政腐败，列强入侵，这位少年组织学生演讲，并向世人疾呼：“清廷无能，堂堂中华被人瓜分，我等皆为亡国奴！”他的行为受到学校的高度重视，将其吸纳进中国同盟会，他叫胡景翼，一位传奇的民国风云人物。

今西安市永宁门里的德福巷，是酒吧一条街，其实在隋唐时期，这里属于太极宫皇城太常寺，是管理朝廷宗庙、社稷、礼乐的机构。皇帝祭祀、举行冠礼、迎娶皇后、册立太子均由太常寺来主持仪式，同时，太常寺还管理着皇家陵园和国家音乐。隋唐之后，这里开始有百姓居住，名字的来源有三种说法：一是德福巷处于城墙内，巷子窄小，晚上遮天蔽日，不见月光，形似一只黑老虎，叫作“黑虎巷”；后两种说法分别是在明清时期这里有一座“黑虎庙”或“黑虎阁楼”，这三种说法最后都谐音为“德福巷”。

陕西最早的民办报纸就诞生在这里，1897年，由阎甘园先生担任总编辑兼社长，毛昌杰、王执中、肖开泰等人担任主笔的《广通报》创刊，“广通”意为与广大人民一脉相通，主要宣传救国进步思想，评论时事。报社聘请宋伯鲁和于右任两位知名人士担任特约记者。西安名绅王执中先生把自己德福巷中段的6间房子贡献出来作为报社的办公室，后来由于戊戌变法的失败，官府出面干预，报社被迫停刊。

1946年，为纪念胡景翼，德福巷改名为“景翼路”。胡景翼早年在西安求学，加入同盟会，在西安发动反清起义，响应辛亥革命；后来又在陕西地方军中担任要职，在讨伐袁世凯、打倒军阀、直奉战争中发挥过重要作用。1925年，胡景翼以六万人马打败了刘镇华的十八万大军，威震天下，但三十四岁的胡景翼因伤口感染，无法医治，临终前仍不忘告诫众将继续推进革命事业，一句：“报国心长，事业未平，英雄至此，肝肠寸断矣！”结束了自己短暂而又精彩的一生。

新中国成立后，“景翼路”改名为“南竹笆市街”，1952年恢复为“德福巷”，“文革”时期又改名为“五星一巷”，1972年又恢复为现名。1993年德福巷开始全面实施拆迁改建，密密麻麻的民居变成了具有现代感的咖啡馆、酒吧。

人说：酒在巷子里，事在心坎里，历史在书本里，长安的天空似乎也偷偷喝了德福巷的酒，红了脸，成了晚霞。待到星空挂在城墙上，将月光剪一段下酒，饮一杯就忘了春秋，再一杯竟惹起了离愁，浓烈入喉，是少年的欲求，中年的烦忧，以及曾经那个故人的些许温柔。

杜回村

陕西人『挖坑』游戏名字的起源

春秋时期，在今西安市长安区有个叫“毕”的诸侯国被灭，毕国国君的儿孙们四散而去，其中有个叫毕万的人来到晋国，帮助晋献公四处征战，晋献公将一块叫作“魏”的地方赏赐给他。毕万死后，毕万子孙以其封地为氏，称魏氏，成为战国七雄之一“魏国”的先祖，也和长安区的杜回村颇有渊源。

毕万的孙子叫作魏犨（ chōu ），武力惊人，为晋国南征北战，功劳很大。魏犨年老时娶了一个叫祖姬的小妾，老夫少妻十分恩爱。魏犨常年征战，身上到处是伤，晚年多病，祖姬悉心照料，毫无怨言。魏犨很是感动，对儿子魏颗说：“祖姬很贤惠，我死之后，你给她找一门亲事，让她改嫁吧，别耽误人家。”魏颗点头称是。过了一段时间，魏犨病入膏肓，弥留之际，担心自己死后到了阴间孤寂，又对魏颗说：“我死之后，杀了祖姬给我陪葬，不然无边寂寞，我如何一个人承受！”魏颗依然顺从父亲。不久后，魏犨病逝，安葬完父亲后，魏颗并没有让祖姬陪葬。祖姬很疑惑，魏颗说：“父亲死前神志不清，满嘴胡言，不可相信。现在入土为安，寂寞寂寞就好了。”之后，魏颗寻得一男子，将祖姬嫁走，祖姬万般感谢。

公元前594年，秦国和晋国在今陕西省渭南市大荔县展开大战，秦国大将杜回和晋国大将魏颗连番交战，势均力敌。某天晚上，魏颗已经睡下，迷迷糊糊之间听见有人在耳边说“青草坡”三个字，醒来后，四下无人，魏颗便带着人巡视了离军营不远处的青草坡，计上心来。次日他安排人马在青草坡埋伏，自己又回到军中，扬言久战不胜，晋军将要撤退。秦国大将杜回见势便追，在青草坡中了晋军的埋伏。杜回的兵马本来十分被动，但由于杜回作战勇猛，硬生生杀出一条血路。眼见胜利的天平偏向秦国，此时，杜回突然在青草坡的一个小坑中被绊倒，双腿被草绳绑住无法动弹，被晋军活捉并斩首，晋军取得胜利。

当天深夜，魏颗梦中见一位老者向他磕头。魏颗问其缘由，老者说：“我是祖姬的父亲，感谢将军当年放过我的女儿，为了报恩，今天我在青草坡结草为绳，报答将军。”魏颗听完，惊讶不已。这就是历史上著名的“结草衔环”中“结草”的故事，表示至死不忘恩情。

今西安外国语大学长安校区南边的一个村子，人称“杜回村”，就是秦国大将杜回的埋葬地。陕西人常常玩的纸牌游戏“挖坑”，名字据说就是根据以上故事而来。

晋国与秦国的是非恩怨，魏颗与祖姬的因果轮回，印证了世间事物的环环相扣。而历史总是绚烂至极，最后又归于平淡，秦将杜回，只能独自一人照顾着这个村子的历代星辰，以及像他这样的历史不归人。

陈东村

神医扁鹊葬于西安却无人知晓

《韩非子》中记载了一个“讳疾忌医”的故事。扁鹊见蔡桓公，上前告诉他：“你有病，就在肌肤纹理之间，不及时治疗就会加重。”蔡桓公说：“我没病。”此后扁鹊两次见到蔡桓公，分别说他的病在肌肉里和肠胃里，蔡桓公都没理他。第四次，蔡桓公病发，寻找扁鹊，扁鹊自知无力回天，已逃去了秦国。

我们通常用这个故事来说明扁鹊的医术高超。扁鹊是战国时期的名医，秦氏，名叫越人，他从小得名师点拨，学成后周游列国，治病救人，很多疑难杂症在他手里得到解决。

扁鹊到了虢（guó）国，虢国太子已经死去，大家正准备吃席，下葬的时候，扁鹊叫停了所有人，施以针灸之法，虢国太子竟然起死回生。扁鹊安抚太子，并留下汤药，一月之后，虢国太子痊愈，扁鹊神医之名因此传遍天下。

扁鹊到了魏国，魏文王询问扁鹊：“你们家三兄弟都是医生，谁的医术最高超？”扁鹊回答：“大哥医术最好，二哥次之，我的医术排在第三。”魏文王很诧异地说：“我只知道世间皆称赞先生，并未听到其他两位有什么神奇之处？”扁鹊回答：“我大哥一般在病发前就能治好别人，二哥是在病情初期治理，而我只能在病情最危重的时候出手，所以我能得一些虚名。”

当时秦国国君是秦武王，力大无穷，酷爱举鼎。有一次他和一群大力士进行举鼎比赛，扭伤了腰部，王宫太医李醯（xī）几次治疗，都无法缓解秦武王的疼痛。有人推荐了扁鹊，秦武王立刻召扁鹊到咸阳，扁鹊奉命前来，一出手便药到病除。秦武王十分高兴，要让扁鹊留在秦国做太医。原本的太医李醯担心自己前途不保，就使出各种办法阻止扁鹊就职，不仅在秦王面前诋毁扁鹊，还收买刺客意图在秦国杀掉扁鹊。扁鹊听到消息后，赶紧逃出咸阳，但没走多远，就被刺客追上杀害。今天西安市临潼区陈东村，便是扁鹊遇害的地方。

陈东村最早叫“卢地陈村”。村子的东北方有一座大墓，相传百姓将神医扁鹊埋葬于此，扁鹊的家在卢国（春秋国名，今山东省济南市长清区一带），所以后人也用卢医来称呼他。清朝光绪年间，有姓陈的人到陈东村居住，人称此地“卢地陈村”，后根据所处方位慢慢演变为陈东村。

上古黄帝时期，有一位医生，救死扶伤，妙手回春，走到哪里，哪里的病痛就消除，人们把他比作“扁鹊”，所以后世若有医生被称为“扁鹊”，就是对其最高的赞誉。战国时期的扁鹊用一生的时间治病救人，没想到最后死于同行之手，也正是有这些平庸的同行衬托，扁鹊才弥足珍贵，但如此神医埋葬长安，却鲜为人知，不仅让人感慨：青史几行名姓，长安无数荒丘。

秦始皇陵

史上最神秘的帝王陵

公元前207年，项羽率军进入关中，命令三十万军队烧毁秦始皇陵的地面建筑，又掘开地宫，相传地宫打开时，一只金雁突然飞出，往南而去。二百多年后的三国时期，有人给日南（今越南中部）太守张善送去一只金雁，张善从金雁身上的文字判断，这只金雁出自秦始皇陵。

今西安市临潼区的骊山之北，便是千古一帝秦始皇的陵墓。关于这座陵墓的选址、朝向、地宫和保存情况千百年来众说纷纭。

公元前247年，刚刚登基的嬴政开始营建陵园，历经两朝三十九年建成，最高峰时期征招近八十万人修陵。陵墓选在芷阳东边的骊山是因为尊崇礼制，秦昭襄王和庄襄王都葬在芷阳，《礼记》确定西方为上，所以秦始皇只能往东埋葬。另一种说法是嬴政吞并六国，因而独立于骊山，以彰显不同，这种说法略牵强，因为陵墓选址的时候，十三岁的嬴政刚刚登基，一统天下是后来的事。

秦始皇陵面朝东方，与历史上“坐北朝南”的格局不同，有学者猜测，秦始皇生前渴望长生不老，并多次派人去往东方寻求灵药，死后仍然眺望着东方；第二种说法是秦始皇征服东方六国，死后仍然要注视着东方，如果考虑到嬴政刚即位的年纪，这两种说法均不足信。还有一种说法是秦人发源于西边，所以秦朝的陵墓要头枕西边，面朝东方。比较可信的说法是在战国及秦朝时期，陵墓的风俗是坐西向东。

秦始皇陵的最大谜团来自地宫。设计者李斯曾向秦始皇汇报："地宫挖得特别深，好像已经到了地底下。"《史记》记载，地宫"穿三泉"，"三"是个概数还是实数不得而知。地宫以水银为江河大海，由精心设计的机械搅动使之奔流不息，秦始皇的棺椁在江河中巡游。墓顶绘有日、月、星象图，用人鱼膏所做的灯长明不熄，会飞的金雁来回展翅。其随葬品的数量之多难以想象，其陪葬坑兵马俑的出土已经震惊世界，可以猜测地宫中珍宝的价值不可估量。为了防止盗墓，地宫中有自动连发弓弩、防盗机关。地宫之上的陵园，仿照咸阳城的格局建造，以封土堆为中心，有内外两重城垣，城垣四面设置高大的门阙，四周分布着六百多座陪葬墓、陪葬坑。

历史上关于秦始皇陵被盗的记录有很多，西楚霸王项羽、后赵皇帝石虎、黄巢起义军等，都曾经光顾过秦始皇陵，甚至《汉书》还记载过一个放羊的孩子误入秦始皇陵，将地宫付之一炬的故事。不过目前的考古发现，秦始皇陵的五花土并没有人为扰动破坏的迹象，而且市面上也没有陵墓中的文物流传，很多考古学家猜测，秦始皇陵的地宫保存完好。

登高俯瞰，秦始皇陵在骊山峰峦的怀抱之中，犹如花蕊正当绽放，封土之上种植着石榴，封土之下游客纷纷逗留，前人立的石碑已然年深日久，后人写的史书只剩将相王侯。两千多年帝陵的谜团争论不休，只有筑陵工匠的《甘泉歌》似乎还停留在某一个黄昏之后："运石甘泉口，渭水不敢流，千人唱，万人讴……"

四浩庄

汉高祖都惹不起的老年团

汉高祖刘邦晚年宠爱戚夫人，甚至想废掉吕后所生的太子刘盈，立戚夫人的孩子为储君。吕后找到张良寻求保全刘盈的办法，张良让太子刘盈去请“商山四皓”出山。刘邦在宴会上，发现太子刘盈的身后有四位老者，询问之下，才知是大名鼎鼎的“商山四皓”，他们深觉太子仁德，愿意辅佐。刘邦见刘盈深得人心，就打消了换太子的念头。

今西安市新城区西七路和西八路之间，有一片居民区，当地人叫作四浩庄，名字来源于秦末汉初的四位隐士“商山四皓”。这四位隐士分别是东园公唐秉、夏黄公崔广、绮里季吴实、甪（lù）里先生周术，四人因躲避秦朝的战乱，又不愿意为官，常年隐居在商山（今陕西省商洛市），因年纪很大，须发全白，故称“皓”。据说陶渊明的《桃花源记》就是以他们的故事为灵感而写。“商山四皓”中夏黄公崔广又被民间称为“黄石公”。传说张良年轻时，在一座石桥上曾遇到黄石公，黄石公故意把鞋扔到桥下，让张良去捡，并亲自给他穿上。黄石公认为张良孺子可教，约他几天后在这里相见，并许诺送他礼物。张良一连两次都迟到，遭到黄石公的责骂。第三次，张良半夜就跑到桥上等待，获得黄石公的认可，于是将《太公兵法》传授给他，这才有了后来运筹帷幄、决胜千里之外的留侯。

“商山四皓”在当时名气很大，刘邦曾经多次请他们出山但这四人素闻刘邦看不起儒生，丝毫不给汉高祖面子，全部拒绝。直到刘盈礼贤下士，四人才肯出山。当然，刘邦废太子的事也只是随口一提，态度并不坚决，况且张良、萧何、樊哙等朝中老臣都是太子的支持者，如此稳固的势力刘邦也是知道的。刘邦死后，太子刘盈继位，史称汉惠帝。刘盈为了感谢“商山四皓”曾经的支持，对他们封侯加爵，四人均已年过八旬，便都谢绝赏赐，重回商山隐居。四人死后，汉惠帝修建祠堂以纪念，并命禁军取长安的泥土带去商山，重新修葺四人的安葬之所。

1928年，陕西省银行出资，购买了尚德路至北新街以东的大片土地，并在这里修建了一批高档小区，以“商山四皓”的典故取名为“四皓庄”，1967年改名为德育巷，1972年恢复原名的时候，误写为四浩庄，并沿用至今。

人说：再壮丽的征程，也隐藏着归隐的路线。仗剑走马，高歌天涯，待到垂垂老去，携手归隐于初见的地方，这是何等的快意潇洒。“商山四皓”的故事更多的是人们对于现世安稳的追求，飞花庭院，夕阳鸿雁，长安的烟花，商山的落霞，他们的青丝华发，便是历史的几度春夏。

天禄阁

汉朝的国家图书馆

公元10年的一天，新朝的军队突然集结，接连抓住甄丰父子和刘歆的儿子刘棻（ fēn ）。军队继而转入未央宫的天禄阁，天禄阁中，学者扬雄正在工作，如此阵仗让他措手不及，慌乱中他从天禄阁中跳下，却仍然逃不出被擒的结局。刘歆和甄丰是新朝皇帝王莽的心腹大臣，扬雄也是得力干将，为什么要抓他们？天禄阁中又有什么秘密呢？

今西安市未央区汉长安城遗址内，有一处天禄阁，这里曾是西汉和新朝两个王朝的国家图书馆和学术交流中心。秦朝末年，刘邦率先进入关中，当手下的军士均在哄抢财物的时候，只有萧何将秦朝的典籍档案、法律条文一一收藏，因为秦朝不允许民间私藏典籍，所以这些资料尤为珍贵。后来刘邦将国都选在长安。公元前199年，萧何负责主持修建皇宫。他在未央宫前殿的北面，特意修建了天禄阁和石渠阁，将秦朝的各种典籍档案存放于此。经过汉朝初期的积累，到汉武帝时独尊儒术，但汉武帝并没有禁止其他学术的存在，并向天下广泛征集图书典籍，天禄阁和石渠阁的藏书达到一万三千多卷，太史公司马迁正是在天禄阁这些丰富藏书的基础上，创作了中国历史上第一本纪传体通史《史记》。

汉成帝年间，天禄阁中曾进行了一场大规模的图书整理和校勘工作，由当时著名的学者刘向主持。刘向学识渊博、治学严谨，每本典籍，刘向先让人根据书的内容进行分类，然后写出修改提要和主要问题。刘向死后，其子刘歆继承了他的工作，继续完成图书的整理校勘工作。

王莽主政时，刘歆、甄丰等人为了给王莽登基制造舆论，以确保他做皇帝的合法性，做了很多宣传说是上天的预兆。王莽当皇帝后，为了防止后来的人效仿，就下令禁止再做这样神神鬼鬼的舆论传播，但甄丰的儿子甄寻、刘歆的儿子刘棻仍然持续不断地向王莽献祥瑞，王莽一气之下便杀了他们。这件事情也牵连到扬雄，所以他们去天禄阁抓住了扬雄。王莽思索良久，认为扬雄一心做学问，并无结党之嫌，最终放他一马。

如今的未央宫遗址，地面建筑荡然无存，天禄阁也变成一所小学，昔日高大的阁楼，我们现在只能看到一处土台和几间并不古老的房子，后人为纪念西汉的那段历史，曾在此修建了“刘向祠”。那些浩如烟海的竹简留住了秦时的篇章、汉时的墨香、新朝的动荡。两千多年前，数位名震一时的学者在此倚栏而望，目光所及，尽是繁华阅尽，千古兴亡。

细柳营村

皇帝的马车被限速

公元前159年，北方匈奴三万兵马入侵上郡（今陕西北部），另派三万人杀入云中郡（今内蒙古一带），来势汹汹，大有夺取长安之势。汉文帝迅速布防，让刘礼驻军霸上（今西安市灞桥区洪庆原），徐厉驻军棘门（渭河之北），周亚夫驻军细柳，来抗击匈奴大军。

今西安市沣东新城细柳营村，这是当年周亚夫驻军的地方。周亚夫的父亲周勃是汉初名将，后诛杀吕氏，迎汉文帝登基，但因权力太大而被皇帝罢职归家。后来，周亚夫继承了爵位，在匈奴南下时被委以重任。汉文帝安排完毕后，亲自到三处军营中巡视。他先来到霸上，军士们大开营门，伏地而拜，刘礼更是慌忙接驾，汉文帝鼓励军队好好努力，众人齐呼万岁。汉文帝又去往棘门，所遇到的情况一样。最后他的车马来到了细柳营，哨兵居然拒绝皇帝进入，扬言："军中只听将令，不听圣旨。"汉文帝让人拿着符节去请周亚夫出来。周亚夫亲自打开营门，请皇帝检阅兵马，汉文帝驾车进入营中，细柳军士提醒皇帝的车夫："军营中有规定，马车要限速！"汉文帝让车夫拉紧缰绳，缓缓前行，士兵们身披盔甲，人人准备战斗，周亚夫请罪道："穿着铠甲，无法向陛下行跪拜礼，只能以军礼代替。"汉文帝许可，他自己也整理衣冠，以极为庄重的姿态检阅细柳营的军队。回皇宫的路上，汉文帝对周亚夫赞不绝口，认为霸上和棘门的军队如同儿戏，只有周亚夫的细柳营才有打仗的样子。

关于细柳营驻军的地方有三种说法，西安市长安区的细柳街道办就被很多人误认为是周亚夫驻军之地，其实这里“细柳”的名字来源于汉武帝修建昆明池，工人把挖出来的土堆在一起，形成一块高地种植细柳，叫作细柳原，不仅和周亚夫驻军的时间对不上，还因为长安区细柳位于南边，而汉长安城在今天的未央区一带，匈奴大军是从北而下，驻扎在南边将失去保护长安的目的。还有学者提出陕西省咸阳市秦都区的两寺渡村，古称细柳仓，曾是周亚夫驻军之地，这种说法除了部分资料记载外，目前还没有更确凿的证据。沣东新城的细柳营村除了地方志有记载，这里世代都建有周亚夫庙，当地人传说，沣河西边的东张村和西张村是周亚夫军营的东帐和西帐。

周亚夫驻军细柳的故事足以看出他杰出的军事才华。汉景帝时爆发了七国之乱，周亚夫也仅用三个月就平定，和他父亲一样，对西汉有再造之功。但是赫赫战功也让周亚夫日渐骄横，军事上的天赋不能弥补性格上的不足，晚年他被诬陷谋反而自尽。一代明君汉景帝除掉了一代名将周亚夫，这不禁让人唏嘘：太平本是将军定，不许将军见太平。

“文景之治”的开拓者 汉文帝刘恒

汉匈战争彻底解除了历时三百年之久的匈奴之患

元朔路

『但使龙城飞将在』的『飞将』是谁？

公元724年，27岁的王昌龄开始了一场自驾旅行，目的地是河北、山西、甘肃一带的边关。在这里，他开挂似的写了一批边塞诗，被后世誉为“七绝圣手”，其中有一首《出塞》，被后人认为是唐诗七绝的“压卷之作”。

出 塞

秦时明月汉时关，万里长征人未还。

但使龙城飞将在，不教胡马度阴山。

王昌龄的这首诗讲了一段值得铭记的汉朝历史。公元前129年，匈奴入侵上谷郡（今河北省张家口市），急报传回长安。汉武帝亲自安排作战计划，分四路出击：大将公孙敖从代郡出兵（今山西省大同市、河北省蔚县一带），“飞将军”李广从雁门出兵，轻车将军公孙贺从云中（今内蒙古托克托东北）出兵，三路都是侧面包抄，谁来与匈奴正面交锋？汉武帝把这个任务给了一个叫卫青的年轻人，他没有任何战绩，也没打过匈奴。

四路大军与匈奴交战的结果让人大跌眼镜：公孙贺一无所获，不输不赢；公孙敖一万人损失了七千；最惨的是李广，这个被叫作“飞将军”的大将，一败涂地，自己还被俘虏了；只有年轻的卫青，在其他部队纷纷溃逃的时候，独闯龙潭，杀敌七百多人，还捣毁了匈奴祭天的龙城，取得胜利。王昌龄诗中的“龙城飞将”，有人说指的是卫青，也有人说指卫青、李广等诸多抗击匈奴的将领。虽然这次战斗整体不理想，但这是汉武帝首次主动出击匈奴，他为自己起用卫青点赞，封卫青为关内侯。要知道，封侯这个事情，李广一辈子都没做到，卫青第一战就轻松获得。一年之后，汉武帝把自己的年号改为“元朔”，这里的“元朔”有两个意思：其一，中国农历将每月的第一天定为朔日，元朔是一年的第一个朔日，即正月初一；其二，卫青打败北方的匈奴，古代把北方叫作“朔方”，为纪念这个事件而改年号。从此以后，汉武帝数次派兵攻打匈奴，解除了北方的边患。

汉武帝使用“元朔”这个年号一共六年，元朔元年（公元前128年），卫皇后为汉武帝生下一子，取名刘据，汉武帝册封刘据为太子。元朔二年（公元前127年），汉朝大将韩安国去世，元朔三年（公元前126年），张骞逃离匈奴，回到中原；这一年主父偃被杀（详见《长安处处有故事·成语典故》中的“相见恨晚”）。

2012年，西安市对一批新建及规划道路进行命名，其中建元路、元光路、元鼎路都是取自汉武帝的年号，而西安北客站南侧的一条道路，被命名为元朔路，同年，西安地铁四号线开工，从北客站往南第二站便是元朔路。

“元朔”二字，对于汉武帝，是万里江山盛世繁华的君临天下；对于卫青，是少年英雄横空出世的金戈铁马；对于王昌龄，是挥墨三千下笔成诗的边塞神话。千年之后，一列列地铁穿越秋冬春夏，远去的边关胡马、汉唐云霞，都在《长安处处有故事》一篇一篇地讲述中，飞入寻常百姓家。

邓店村

云台二十八将之首

公元25年，已经跨州连郡的刘秀在群臣的簇拥下，建立东汉王朝，史称光武帝。光武帝犒赏群臣，封二十四岁的邓禹为大司徒（三公之一，类似于国务院副总理），光武帝评价他："深执忠孝，与朕谋谟帷幄，决胜千里。"但是邓禹曾多次带兵，常有溃败。这样的人为什么受到光武帝的重用？他和长安城有什么关系呢？

邓禹十三岁的时候，恰逢王莽改革，增加太学，他便到长安求学，刚好刘秀也在长安，两人甚是投机，结为好友。后来天下大乱，赤眉军和绿林军纷纷崛起，邓禹素有贤名，成为他们拉拢的对象。但是邓禹慧眼识英雄，渡过黄河，到河北去投奔了刘秀，刘秀以为邓禹只是想要个一官半职，没想到邓禹告诉刘秀，他想名垂青史。邓禹是一位很好的人事经理，不断给刘秀推荐人才，所任用的人才也都有杰出的表现。邓禹初期坐镇后方，类似于西汉萧何和张良的角色，但是刘秀却认为他还有带兵打仗的潜质，任用邓禹领兵作战。邓禹初期攻打其他起义军，连连获胜，平定河东，因此才能在二十四岁的年纪受封大司徒。后又领兵攻打赤眉军，邓禹率军从陕西韩城进入关中，由于军纪严明，深得民心，关中百姓携老扶幼前来投奔，邓禹礼贤下士，亲自迎接，饱受战乱的百姓感激不尽，奔走相告，邓禹的军队迅速扩充，号称百万之众。但是在关中，邓禹身为将领却首鼠两端，延误战机，加之无法驭下，出兵时甚至靠抓阄决定领兵者。邓禹被赤眉军接连击败，一度被打得丢盔弃甲，只剩二十四骑仓皇逃走，邓禹引咎辞职。虽然邓禹军大败，但也消耗了对方不少力量，才能使刘秀随后扫平关中。平定天下后，汉明帝对应天上二十八星宿，命人画了二十八位功劳很大的将领的画像，予以供奉，称为“云台二十八将”，排名第一的就是邓禹，虽然邓禹并非百战百胜，但文韬武略，综合实力强，且不结党营私，因此获此殊荣。

邓禹在关中征战多年，且在民间口碑极好，当时就有人在长安城南为他立庙，其位置在今西安市长安区郭杜街办，后来这里形成了村子，村民以庙设店，故名邓店村。民国时期，这里分为邓后南村和邓店北村，目前村子已改建，名字仍保留。

后世评书中的邓禹被塑造成道士的形象，指点江山，谈笑间樯橹灰飞烟灭，或许这样的人设更加符合他本来的形象，所谓：“提壶醉饮千秋雪，纵马放歌长安城。”邓禹的故事在十三朝古都的过往中不过一瞬，但这一瞬定格在了新朝的改革，定格在了玄汉的动荡，绿林军的起伏，成就了东汉王朝的崛起，化成了邓店村的人间星火。

李家坡

写尽山水却被渴死的郦道元

郦道元的地理名著《水经注》人尽皆知，其中一篇《三峡》还入选中学教材。人们以为他是文学家和地理学家，其实著书立说只是郦道元的业余爱好，他性情刚烈，铁面无私，注遍天下之水，最后却因缺水而被渴死。

南北朝时期，郦道元出身官宦世家，年少时跟随父亲游历山川，并在北魏做官，因为公正严明，而被皇帝赏识。郦道元不惧皇亲国戚，名门望族，有错一律弹劾，皇帝和大臣都对他十分忌惮，但被人管着确实不舒服，朝廷找了个借口免去了他的官职。郦道元便潜下心来，去做地理研究。三年后，朝廷派人找到郦道元，让他去冀州做长史。他在冀州整治贪腐，发展教育，鼓励生产。土匪草寇闻风丧胆，纷纷迁走。郦道元升任荆州刺史，因为刑法严酷，手下官员实在受不了，联名请求前任刺史寇祖礼回来做官。寇祖礼回来以后，郦道元认为他们沆瀣一气，临走时与寇祖礼斗殴，双双被撤职。此后九年郦道元继续行遍千山万水，潜心编写《水经注》。

北魏的朝廷并不安宁，六个地区分别起义，南方的梁武帝也趁机出兵，北魏腹背受敌。所谓沧海横流，方显英雄本色。北魏孝明帝启用郦道元，由他带兵打退了梁武帝的进攻，郦道元升为御史中尉。当初在朝堂上被郦道元弹劾过的贵族们又坐不住了，这个怼天怼地怼空气的郦道元又回来了。果然，汝南王元悦宠爱的近臣丘念卖官鬻爵，被郦道元按律逮捕，汝南王听闻进宫找皇帝和太后求情，郦道元雷厉风行，先杀丘念，后弹劾元悦，事情做得毫无破绽，元悦从此怀恨在心。公元527年，雍州刺史萧宝夤（yín）在长安叛乱，王爷元悦和元徽等人平素忌恨郦道元，便使出借刀杀人之计，暗示朝廷可派郦道元去说服叛军和平解决此事。郦道元被加封为关右大使，派去长安解决争端，元悦暗中修书一封给叛军萧宝夤，大意是：刺儿头来了，你自己保重！

公元527年，郦道元来到长安，在阴盘驿站停留。萧宝夤造反之心已定，便派军队将其围困，郦道元等人脱不了身，几日后缺少饮用水，郦道元指挥人员挖井十多丈，都没有发现水源。郦道元一行渴得无力反抗，被翻墙而入的叛军杀害。其死前痛骂叛军，死后在李家坡被草草掩埋，终年六十一岁。

今西安市城东临潼区新丰镇的李家坡，起源于汉朝，当时甘肃的阴盘因抵挡不住匈奴的进攻而迁到此处，是为阴盘县，后因有李姓人居住，村旁有大坡，得名为“李家坡”。人说天下多江河，有清有浊，世间湖海将星辰吞没，苍穹下那个铁骨铮铮的汉子被一片黄土掩埋，从此山川错落，郦道元成了后世教材里的传说，和南北朝一起成了历史的过客。

杜曲

我们特产『宰相』

公元前65年，汉宣帝刘询在杜原上修建自己的陵墓，改秦朝设置的杜县为杜陵县，当时很多杜姓的人便在此定居。因为地处潏河，汉唐时期，文人墨客常在潏河水边组织各类户外活动，吟诗作对，畅谈人生，一时文风四起，这里便得名为“杜曲”。

杜曲位于少陵原西坡脚下的樊川之中，长安八水之一的潏河从此流过，景色宜人，堪称风水宝地。杜氏人才辈出，汉宣帝朝御史大夫、麒麟阁功臣之一的杜延年便是杜曲人，由他开始，杜曲人开启了“长安韦杜，去天尺五”的美好传承。

三国时期的杜预，知名度并不高，但杜预却是终结三国乱世格局的人，出生杜曲的他，先辅佐钟会、邓艾灭了蜀汉，后被任命为西晋镇南大将军，亲自指挥军队，恩威并施，灭掉东吴，三分归晋，实现全国统一。

唐朝时，杜氏家族更被称为“宰相俱乐部”。唐太宗初期的杜淹和他的侄子杜如晦双双担任宰相；杜如晦的五世孙杜元颖曾任唐穆宗朝宰相；杜元颖的侄子杜审权是唐宣宗朝宰相。杜审权的儿子杜让能做过唐僖宗朝的宰相；香火不断，辈辈掌权。杜曲的宰相还包括唐宪宗朝的杜黄裳；历经唐德宗、唐顺宗、唐宪宗三朝的宰相杜佑；杜佑的孙子杜悰在唐武宗、唐懿宗两朝做宰相。杜佑还有一位知名度很高的孙子，就是写出了无数名句的晚唐诗人杜牧。历史上少有像杜曲这样能出这么多名人的地方，多少传奇人物在庙堂之上策名就利，又有多少杜氏儿女甘心平凡归隐闹市。

杜曲的美名吸引着各路名人，“诗圣”杜甫虽然未出生于此，但他在长安时也曾在杜曲暂住，并写下了“杜曲幸有桑麻田，故将移住南山边”的诗句；唐朝初年去西天取经的玄奘法师，为佛教的传播做出了很大贡献，圆寂后就埋在杜曲的兴教寺；辛亥革命的元老朱子桥先生，一生致力于陕西的社会公益事业，除了赈灾救助百姓外，还主持修复了西安很多文物建筑，死后埋在杜曲。

杜曲因处于樊川中部，从清朝到民国，这里形成了热闹的商业古镇，从秦岭深处来的商队在这里驻足停留，附近的村民也在此购买生活用品。

曾经，麒麟阁的元老惊艳了西汉的盛夏，三分归晋的功臣横戈跃马，世代延续的宰相权倾天下，取经的禅师留下一尊舍利塔，曲折的潏河滋润着长安城南，如诗如画。入圈的牛羊，晚归的鸡鸭，还有千年村中的淡饭清茶，都归于古镇上的繁华，还有晚唐樊川居士有名的诗句：远上寒山石径斜，白云生处有人家。

重阳宫

历史上真实的王重阳和全真教

武侠小说《射雕英雄传》中第一次华山论剑，天下武学大师东邪、西毒、南帝、北丐、中神通五人口中雄辩，手上比武，后王重阳技压群雄，获得“天下第一”的称号，武学典籍《九阴真经》也囊括怀中。王重阳的故事因为金庸先生的描写家喻户晓，他的抗金事迹被人称赞，与林朝英的爱恋留下诸多遗憾。历史上真有王重阳其人吗？全真教是否真实存在过？

今西安市鄠邑区祖庵镇，有一处重阳宫，就是武侠小说中的全真教，这里被誉为“天下祖庭，全真圣地”。王重阳是真实的历史人物，北宋末年出生于陕西咸阳，少年时考中宋朝进士，成年后又考中金朝武举，可谓文武双全。但宋金交战时期，王重阳并未得到重用。1159年，王重阳在西安市鄠邑区甘河镇遇到两位世外高人，这两位高人向王重阳传授道家修行之法；1160年，王重阳在礼泉县又遇到一位仙人，给其传授道法，王重阳有所顿悟；1161年，王重阳来到终南山，挖了一处坟墓，称为“活死人墓”，给自己立上牌位，独自在墓中修行两年。武侠小说《神雕侠侣》中的古墓派便居住于此，今天距离重阳宫2千米处还有“活死人墓”的遗址。

王重阳修行完成后，便离开终南山，到东方去传道，并收丘处机、谭处端、马钰、王处一、郝大通、刘处玄、孙不二等弟子，全真教由此创立。王重阳死后，其弟子将他运回西安市鄠邑区的祖庵镇安葬，马钰继承了他的事业，并在终南山上修建了道观，丘处机将其命名为“重阳宫”。全真教在元朝受到很高的礼遇，丘处机还专门为成吉思汗讲述道学。明清之后，重阳宫日渐式微，房屋毁弃，碑石散落。新中国成立后，经过多次修葺，才有了今天的建筑格局。

重阳宫中陈列着八十多件珍贵石刻，包括王重阳、尹志平（全真教第六代掌教）、赵孟頫（宋末元初书画家）等人的手书，重阳宫中还有重阳祖师墓以及七真殿、姊妹黄杨树等景点。

王重阳生前主张儒、释、道三教合一，以“三教圆通，识心见性，独全其真”为宗旨。道家有句名言：“天地所以能长且久者，以其不自生，故能长生。”而人生的时间有限，但功业却是无穷无尽，正如重阳真人，在活死人墓独善其身，又在广阔江湖传教授道。人世间没有什么是不朽的，唯一不朽的是各派哲学所传递出来对人和世界的理解。我们听惯了马蹄声远，看尽了王朝变迁，不如用心体会秦岭的云舒云卷，就像这世事若隐若现，山川风月聚了还散，旭日也会向晚，沧海终成桑田，只有那座重阳宝殿，卧于南山，在樵夫隐士的闲谈中传了千年。

净业寺

佛教律宗祖庭

唐朝初年，长安大旱，西域胡僧扬言可以在昆明池开坛祈雨，唐太宗欣然允诺，然而一连几天不见成效，昆明池的水却连连减少。一天夜里，一位老人来到终南山找到了净业寺的道宣律师，焦急地说："我本是昆明池龙王，胡僧欺瞒皇帝，打着求雨的旗号让昆明池干涸，请律师相救。"道宣律师说："在我净业寺中，正好有一位孙思邈先生，他可以救你。"孙思邈用仙方控制住胡僧，胡僧的诡计没有得逞。

这个故事记录于《酉阳杂俎》这本书中，胡僧以及昆明池的龙王均是传说，道宣律师确有其人，他是佛教律宗的开山祖师。道宣出身于隋文帝年间，父亲是隋朝的吏部尚书，出生时，就有僧人断言，此子是高僧转世。十五岁时道宣发出了"世间荣禄，难可常保"的感慨，一年后出家为僧。在长安三十多年，走访各地讲述佛法，直到他来到终南山修行，就地掘水，有清泉涌出，此修行的地方被叫作"白泉寺"。唐太宗年间，道宣在丰德寺被神灵告知："彼清官村，故净业寺，地当宝势，道可习成。"于是道宣到净业寺修行（一说白泉寺、丰德寺和净业寺为同一寺庙）。相传他讲经时，有毒龙化成美女诱惑僧众，他擒毒龙锁于井中。他和药王孙思邈也是在这里结为好友。玄奘取经归来，曾特意邀请道宣一同翻译佛经。

相传释迦牟尼在世时，为约束僧众，制定了各种戒律，后来传入中原，道宣将印度律藏进行整合，编纂了中国佛教最为经典的《四分律》，后人尊为“南山宗”，尊称道宣为“南山律祖”，净业寺成为中国律宗祖庭。道宣弟子及再传弟子众多，最有名的当属鉴真。鉴真六次东渡日本，宣扬佛法，也成为日本律宗祖师。公元667年，七十二岁的道宣律师圆寂，唐高宗诏令天下寺院供奉道宣画像。历史上有多位高僧来净业寺拜访，盛唐时期印度的善无畏高僧来此拜谒，诗人贾岛也曾夜宿于此，近代弘一法师曾将笔名改为“南山孤城”。唐朝之后，净业寺逐渐变得冷清，明清两朝及民国时期均有修葺。1983年，由当地政府主导重建净业寺，山门由建筑大师张锦秋设计，“净业寺”三个字是国学大师南怀瑾所题。寺门外还有南怀瑾先生的对联：回首依依酒绿灯红歌舞繁华大梦场中谁识我，到此歇歇风清月白梵呗空灵高峰顶上唤迷徒。

如今的净业寺，依然静静地依偎在凤凰山腰，东边傍着青山，北边紧临深渊，长长的石梯踏过岁岁年年，遗存的舍利塔记录高僧的尊颜。祖师洞中盼与有缘人相见，而红尘的聚散，无非是手中有茶，身边有伴，抬眼是青天，低头是世间。

后所寨

武则天在这里出家为尼

公元649年，缔造“贞观之治”的唐太宗驾崩，按照唐朝的制度，后宫中没有子嗣的嫔妃均要出家为尼，其中就包括武则天。武则天十四岁入宫，并不受太宗宠爱，虽然她与太宗的儿子李治互生情愫，但此时迎接她的只是感业寺的青灯古佛。

今西安市未央区六村堡街道办的后所寨，是隋唐时期感业寺所在地，因村子位于寺庙背后，得名“寺背后”，明朝朱元璋年间，全国实行卫所制度（军事编制），寺背后改名为“后所寨”。感业寺修建于隋炀帝年间，隋炀帝年轻时灭掉陈国，一统天下，继位后他营建东都，创立科举，开凿运河，西攻吐谷浑，东征高句丽，他认为自己的成就震古烁今，是上天赏赐给他的事业，所以在长安城的西北边修建了感业寺。隋朝灭亡后，李渊在乱世中建立唐朝，定都长安，他将崇德坊的济度寺迁到感业寺中，合二为一，扩建了感业寺，成为禁苑中的皇家寺院。寺院建筑宏大且香火鼎盛，寺中僧人每晚都要骑马去关大门，不然天就黑了。

感业寺也是皇家女眷清修之地，武则天在此度过了两年的时光。据说感业寺的老尼姑为武则天剃度时，武则天脱口而出八个字：“发落复生，首级不会！”老尼姑知道这位女性来历不凡，便准许她带发修行。对于习惯了红尘世界的武则天来说，出家异常艰苦，她心中也牵挂着唐高宗李治，期望这个曾为她动过感情的男子，能带她离开。六根未净的武则天曾在感业寺写下了一首名为《如意娘》的诗，其中一句为“看朱成碧思纷纷，憔悴支离为忆君。”后来唐高宗李治来此上香，与武则天相见，二人执手相看泪眼，倾诉衷肠。因为宫廷斗争，王皇后力主武则天回皇宫，以此来牵制萧淑妃，此举获得唐高宗李治的全力支持，李治顶着不伦的骂名和朝中元老的反对，将武则天从感业寺迎回皇宫，开启了一代女皇的进阶之路。唐朝灭亡后，感业寺的地位一落千丈，明朝万历年间，感业寺按照原来寺庙的格局缩建，缩建后的寺庙只有曾经的十分之一，即使这样，仍然没能逃过战乱的毁坏。清朝末年，再次重修。如今的感业寺，只剩大雄宝殿和院子西北角的“三宝塔”，塔中保存着近代宏道法师的舍利。

如果某天你也踏足后所寨，来到感业寺，曾经的皇家寺院与如今的平凡小庙在同一个地方，只是时间相差了千年，你会不会感慨门外繁华熙攘而寺内历经沧桑；明朝的军事卫所，还来不及讲它的故事多跌宕，就已经找不到任何篇章，恍然隔世的隋炀帝和武媚娘，任由岁月荣枯，只道寻常。

何家营

世界上最早的乐谱

在今西安市长安区韦曲镇，有一处叫作何家营的地方，被几所高校包围，每当夜幕，这里熙熙攘攘，路边的麻辣烫围坐着年轻的面孔，小餐馆时不时传来学生联谊，毕业送别的声音。很多人不知道的是，一千年前，这里曾上演过惊天大战，而被誉为“中国古代的交响乐”也诞生在这里。

何家营自古就是通向长安城的咽喉要道，此地处在神禾原之首，东邻樊川，北靠潏河，村中以何姓和郑姓居民为主。姓郑的人是从杜曲迁移过来的，相传唐玄宗的女儿临晋公主的驸马郑潜耀的后代就生活于此。而何姓要从一个安徽人说起，他叫何昌期。

何昌期少时就表现出不一样的特质，村中有水牛发狂，村民皆惊慌失措，唯独何昌期挺身而出徒手制服水牛。他常跟随父亲去打猎，一日，忽见林中耸动，一只猛虎跳将出来，众人大惊，何昌期临危不乱，弯弓搭箭射杀猛虎。

唐朝天宝年间，节度使安禄山起兵造反，各州县纷纷投降，不足一月，安禄山攻陷东都洛阳，天下震惊。唐玄宗一边派兵抵抗，一边令各州县招募人马，何昌期凭借着超凡的武艺，当上裨将（能带百人的队伍）被派往河北。在河北，他因作战有功，受到郭子仪的器重。公元757年，郭子仪率大军十五万讨伐叛军，郭子仪让偏将何昌期驻守在长安潏河南岸，同年九月，何昌期的部队与叛军在香积寺展开大战，郭子仪与何昌期前后夹击，唐军斩首叛军六万人，俘虏叛军两万人，还有很多叛军掉入沟堑而死，唐军收复长安。唐军马进入长安城，百姓夹道欢呼："没想到今日又能见到官军！"当时人们将何昌期驻守的地方称作"何将军营"，后来演变为"何家营"。

何昌期勇猛的表现被军中人誉为"何十万"，意为"一人能当十万大军"。朝廷升他为千牛卫上将军，加封伯爵。晚年的何昌期弃武学文，在当年他驻扎的何家营安顿下来，与长安城的名士结交，诗人杜甫留有《陪郑广文游何将军山林十首》的诗。因为安史之乱，很多宫廷乐师流落民间，他将这些人重新召集，将宫廷乐在这里保留下来，今天的"何家营鼓乐"也被称作为"长安鼓乐"，被誉为"中国古代音乐的活化石"。1952年，何家营鼓乐的老艺人何永贞先生拿出一本大唐开元五年的手抄乐谱，经过鉴定，官方认为这是世界上最古老的乐谱。

如今，你坐着323路公交便可抵达何家营，霓虹闪烁的城中村，悠久动人的鼓乐，时光仿佛又回到了中唐。在长安城南，天边暗紫色的层层鳞云，已镀上一层金边，带着淡淡血腥味的晚风从何将军营上空吹过，营里到处充斥着急促的脚步声，牛马牲畜的嘶叫。辕门方向，不时腾起一股股狼烟，一支支唐军正在出发，壮歌烈酒悲离家，横刀立马向天涯……

香米园

西安美食『水晶饼』的由来

北宋真宗年间，辽国大军侵宋。北宋朝廷一片震惊，部分人建议迁都，避其锋芒，而宰相寇准要求皇帝御驾亲征，坚决抗敌。宋真宗被迫北上，士兵们受到鼓舞，打退了辽国的进攻，双方立下澶渊之盟。寇准居功至伟，一个叫王钦若的官员对皇帝说："寇准是个赌徒，当他认为快要输光的时候，就尽其所有全部押上，而皇帝只是他手中最后的砝码而已。"宋真宗开始疏远寇准，贬他到外地做官。寇准离开东京，到河南、陕西做了很多年地方官。

今西安市莲湖区东起洒金桥，西到北马道巷，长712米的小巷叫作香米园，在这条小巷的旁边根据方位还有香米园正街、香米园东巷、香米园西巷、香米园南巷和香米园北巷。香米园在隋唐属于太极宫宫城中掖庭宫的一部分，唐朝之后，皇宫损毁，百姓开始在这里定居，北宋宰相寇准被贬后，曾到陕西任永兴军路的长官，根据元朝骆天骧《类编长安志》记载，寇准的花园位于香米园西段。起初寇准在园子上题有"香墨"二字，后人误传为"香米园"。评书中，寇准背着一个葫芦，葫芦里装的是陈醋，人称"寇老西儿"，是典型的山西人的形象。其实真实历史上，寇准是陕西渭南人，年少时天赋极强又勤奋好学，十九岁中进士受到宋太宗和宋真宗的重用，因为他太过刚正，朝中同僚纷纷排挤而被一贬再贬。相传，寇准五十大寿的时候，回老家陕西渭南探亲，乡亲们素来仰慕寇准，纷纷前来祝贺，有一位老者送上一盒点心，寇准打开一看，点心上还有一首小诗："公有水晶目，又有水晶心，能辨忠与奸，清白不染尘。"寇准非常喜欢这个礼物，将其称为"水晶饼"，如今水晶饼也成为西安特色美食之一。

寇准晚年被贬雷州（今广东省雷州市），生活窘迫，客死异乡。他的家人上书皇帝要求落叶归根，皇帝允许。今陕西省渭南市临渭区官底镇左家村，便有寇准的陵墓，清朝陕西巡抚毕沅在此立有石碑，是陕西省重点文物保护单位。

香米园的地名因为寇准而得以保留，清朝光绪年间，这里因种植苜蓿而取名为"香苜蓿园"，1966年改名为"繁荣巷"，1972年恢复原名。

香米园的一方宁静，或许容纳不了寇准的鸿鹄之志，但那个扭转乾坤、大起大落的北宋宰相，只想在晚年回归故土渭南，回到长安那个叫"香墨"的园子里。那是北宋的一个寒冬，枝繁叶茂的园子归于平静，几株斑竹依然长青，屋檐下滴水成冰，屋内的奏章尚未署名，炉火旁的老人面容平静，等到凛冬散尽，星河自会长明。

药王洞

帝王和药王的友谊

唐朝初年，唐太宗从长安移驾玉华宫（今陕西省铜川市）避暑。几日后，太宗皇帝告诉手下，自己要去五台山（今陕西省铜川市耀州区药王山）见一位故人。下臣立刻安排出行事宜，太宗却阻止了，轻车简从，随即前往，与药王孙思邈见面。今药王山“唐太宗御道”“拜真台”《唐太宗赐真人颂碑》等遗迹保存完好。

这次药王与帝王的见面缘起于公元619年，当时还是唐高祖年间，秦王李世民的王妃长孙氏怀孕足月不见分娩，众太医束手无策，经人推荐，李世民派人到铜川耀州区请来了孙思邈。孙思邈详细询问了王妃的病情，查看了之前的病历，准备先为王妃把脉，但按照当时的礼仪，百姓岂能触碰王妃？不得已，孙思邈取来一条细细的红线，让宫女系在王妃的手腕上，遮上帘子，孙思邈在另一头拿着红线“悬丝诊脉”。完毕后迅速开出药方，顺利治好了王妃的病，孩子也健康出生。李世民惊叹神医降世，建议孙思邈来掌管太医院，但孙思邈的志向是普济众生，天下有更多的人需要他，故婉言拒绝，并将皇帝赏赐的官印和物资放在了太极宫的一块石头上，悄然离去。

今天西安城内，西起西北三路，东到立新街，全长888米的街道叫作“药王洞”，“洞”在道教中表示神仙居住的地方，也有“洞察”的意思，表示药王目光如炬，洞察病症。这里在隋唐时期，是属于太极宫宫城的中书省（国家最高权力机构）。据说元朝的时候，这里曾有一座药王庙，正殿供奉着药王孙思邈，庙内还有一块石头，上面刻着“药王弃官石”，民间流传，摸摸石头角，百病便没有了。每年农历二月初一至初三，便是药王庙的庙会，人们纷纷前往，祈求药王爷保佑平安健康。民国军阀混战，药王庙被毁坏，20世纪80年代，药王洞彻底被拆除，那块弃官石也下落不明。后来，我们在药王洞这条街上，只能看见一间写着“药王庙”的红色小房子。1966年，这里曾经改名为“八一街”，后又恢复原名，所以我们现在还能在这条街上看到“八一街小学”这样的名字。

今陕西铜川、宝鸡、咸阳、汉中等地都有药王洞遗迹，大多和孙思邈的传说有关，而西安城的这条小道，除了名字，已然找不到任何药王的痕迹。我们只能通过那些古老的传说，想象出那年长安处处飞花，一位耄耋医者牵着老马，从这里出发，前路便是天涯，走进寻常百姓家，又浪迹在崇山峻岭下。陈旧的病榻、催生的白发，仁者有心而医者无价，他成为长安城的一段佳话，也成为药王山的那一抹烟霞。

孙思邈“弃官石”

阿难答是中国历史上唯一一位争夺帝位的、信仰伊斯兰教的王爷

辛家庙

元朝运气最好的人

1272年，已经建立大元王朝的元世祖忽必烈，立次子真金为太子，他的第三子忙哥剌因性格宽厚，且有王者之风，封为安西王，镇守陕西、甘肃、宁夏等地，并把“陕西路”改名为“安西路”，“长安城”改名为“奉元城”。后来忽必烈又册封他为“秦王”，准许他在西安和六盘山两个地方分别建立王府，恩宠一时。

在蒙古大军南征北战中，有一位宗室成员叫辛德禄，曾跟随成吉思汗的儿子窝阔台攻打金国，作为先锋大将攻下京兆府（今西安），被封为京兆府达鲁花赤。“达鲁花赤”是蒙古语，意思是地方军政最高统帅。元世祖忽必烈封忙哥剌为安西王的时候，把辛德禄调整至恒州（管辖周至、眉县、终南三个地区）做达鲁花赤，听命于安西王。

忽必烈活了七十九岁，而他所立的太子真金和安西王忙哥剌都早于他之前去世，忙哥剌死后，阿难答成为新的安西王，这位王爷自幼信奉伊斯兰教，大建清真寺，令手下的士兵全部改信伊斯兰教。当时的皇帝元成宗认为元朝的国教是佛教，阿难答背叛了国家的信仰，将他抓捕下狱，但鉴于阿难答管辖的领土很大，军队很多，处罚他会激起兵变，又将他放回西安。元成宗死后，皇位空缺，阿难答联络朝中大臣，将自己领地的兵马召集起来（包括辛德禄辖区），浩浩荡荡开往大都（今北京），准备夺权，但是人算不如天算，阿难答的侄子海山和元朝宗室一起阻止了这场皇位争夺战。兵败后阿难答被杀，跟随他夺权的手下也要被一并处死。当时蒙古的刑罚是将这些犯人卷到毡子里，让一群疾驰的战马从上面踏过，一般人会命丧当场，但辛德禄被马踏之后毫发无损，新即位的元武宗认为这是上天的安排，不能违反，便放他一马，令其回到周至。

今西安市未央区的辛家庙，距离安西王府（今西安市石家街）不远，是辛德禄的家庙供奉地，明朝崇祯年间开始出现辛家庙村。今西安市周至县还有一处地名叫辛家寨，就是当年辛德禄做官时留下的地名。

今天的辛家庙人尽皆知，立交车水马龙，已经很少有人知道这里曾经发生过的历史事件，知道辛德禄这个名字的人也微乎其微。八百多年后，我们试着问问古代一个王朝到底有多长，那个风云际会的时代会回答：兴衰之间；若问人生有多长？那个劫后余生的辛德禄会回答：成败之间；若问历史有多长，后来读者会回答：史书里的字里行间！

菊花园

改变西安近代历史的风云人物

清朝晚期，河南省沁阳市一位张姓铁匠开始向西逃荒，沿路乞讨来到西安，暂时在此安顿下来，以打铁维持生计。1881年，张铁匠的孩子在西安城墙内的菊花园出生，取名张凤翙（huì），这个孩子后来成为民国风云人物，改变了西安近代的历史。

今西安市碑林区，北至东大街，南到东厅门，长540米的街道叫作菊花园，这里在隋唐时期，属于长安城太极宫皇城景风门之南，东边是崇仁坊。

关于菊花园这个名字的来历，有两种说法：第一种说法是清朝咸宁县一位姓贺的官员修建了一座宅院，在宅院里种植了很多菊花，菊花开在百花凋零的秋季，古代誉其为品格坚贞的代表，且菊花淡泊名利，凋谢时抱枝自枯，没有花瓣落下，常有文人以菊明志。后来的人就把菊花园当作这里的地名。菊花园的第二个来历也出现在清朝，当时这条路的西北边有一座娘娘寺，寺庙里种满菊花，每年的重阳节，很多人前来进香拜佛，观赏菊花，所以这座寺庙又叫作“菊林寺”。清朝时南段叫作“参府巷”，北段叫“菊花园”，新中国成立之后，统一南北段，叫作“菊花园”。

菊花园10号是辛亥革命元老张凤翙的官邸。张凤翙21岁考入陕西陆军武备学堂，两年后被安排到日本学习，回国后与同盟会筹备救国。1911年，张凤翙被推举为陕西地区的首领，同年10月22日，西安响应辛亥革命，发动起义，张凤翙亲自指挥，取得成功，并组织陕西其他地方进行反抗，稳定了局面。1912年，张凤翙被任命为陕西都督，并在菊花园修建了官邸，占地900平方米，官邸有十间庭院，大门上对联写着“大翼震九万里，王世兴五百年。”当年梅兰芳来西安演出的时候，还曾是这里的座上宾。张凤翙还热心教育事业，和朋友一起创建了菊林学校，新中国成立后，这所学校先后改名为西安市二十一中学、西安旅游职业中专等。

如今每年金秋，大地仍不忘用菊花来装点美丽，只是今日菊花园已然没有当年一片金黄的景象了。如果你也曾经踏足这条并不热闹的街道，盛唐的太极宫、近代的张公馆都已成历史，华灯如菊花开遍长安的黄昏，蓦然间平添了些许浪漫的斑斓缤纷，在薄暮时分用菊花煮茶，人与秋色俱醉。

西影路

从西影厂走向世界的中国电影

1956年10月，国家电影局在北京西单舍饭寺胡同召开全国电影制片厂厂长会议，会议贯彻毛泽东同志提出的“百花齐放”和“百家争鸣”的方针，决定在西安市建成一座电影制片厂。在此之前，国家建设委员会已经下达文件，批准建设西安电影制片厂，时任中央文化部电影局局长王阑西协同苏联专家来到西安，经过一番研讨，决定将西安电影制片厂建在大雁塔的东侧。

1958年8月，西安电影制片厂成立，当时厂周围还是大片的麦子地和玉米地，院内右边是还在建设的工厂，左边只有三座家属楼，西影厂的员工从其他电影厂抽调，另派出一批学生在其他厂学习。西影厂的第一部电影是新闻纪录片《陕西简报》，在西安和平电影院上映。西影厂的第一部故事片叫作《雪海银山》，讲述的是女生产队长李春兰带领十几个女孩搞“棉花试验田”的故事。当时的拍摄条件非常艰苦，摄影机是从上海借来的，最原始的手工洗印底片，服装都需要演员自行携带。此后吴子牛的《喋血黑谷》、田壮壮的《猎场札撒》都获得强烈反响。西影厂崛起是在20世纪80年代，1981年历时五年制作完成的《西安事变》，连映一个多月，摘下三项金鸡奖。此后西影厂拍摄了第一部武侠片《大刀王五》，第一部电影系列片《东陵大盗》，电影《老井》获得东京国际电影节数项大奖。1988年，张艺谋的处女作《红高粱》一举夺得第38届西柏林国际电影节金熊大奖。除了奥斯卡，西影厂囊括了世界各大奖项，当时西影厂输出的影片占全国输出影片总部数的25%，有人形容“中国电影是从西安电影制片厂走向世界”。20世纪90年代，随着电视进入百姓生活，电影市场开始走下坡路，但西影厂还是制作出了《双旗镇刀客》《站直啰别趴下》等优秀影片。1992年西影厂参与陈凯歌的电影《霸王别姬》的制作，该片荣获法国戛纳国际电影节最高奖项金棕榈大奖。1994年西影厂与香港新星公司联合摄制影片《大话西游》，成为周星驰的封神之作。

1963年，西起雁塔北路，东到万寿南路的一条主干道开始修建，因西影厂在路的南边，故该路称“西影路”。西影厂所在的位置为唐朝的修正坊，开元年间著名宰相张九龄便居住于此。西影厂的历史和张九龄的一生又何其相似，少年成名，仕途虽几经波折，但最终也位极人臣，留下诸多优秀作品。

今天，我们在中国电影圈能看到很多出自西影厂的电影工作者，我们也依然能在西影体验中心看到《古今大战秦俑情》中巩俐乘坐的小飞机，或许你还会想起《红高粱》里的那句童谣“娘，上西南，宽宽的大路，长长的宝船”，也能在网站上看到评分居高不下的《霸王别姬》，还有那些代表一代人青春的至尊宝和他的一生所爱……

陕西历史上明朝的康海、吕柟、清朝的王杰获得过文状元；
唐朝的郭子仪、明朝的安国曾夺得过武状元。

地名传承

The Chang'an story

双寨

史上笑点最高的女子

传说光武帝刘秀在统一天下的时候，因为一场战争失利，逃至西安城东的上双寨，夜宿一座古庙中。由于饥渴难耐，庙中有僧人向他赠送一碗麦饭，刘秀觉得十分可口，刘秀做了皇帝后，钦赐这里为“麦饭寺”，后来演变为“美饭寺”。

今西安市灞桥区新筑街道办事处，有一处上双寨村，其地势高出周围很多，西边还有一处下双寨村，美饭寺便在此地。清朝末年美饭寺被焚毁，后来上双寨的村民又重建了一次，民国时期被改造为小学。

关于上双寨的名字传说，要追溯到西周时期，周幽王在一次战争中俘获美人褒姒，十分宠爱，但褒姒冷若冰霜，不苟言笑。周幽王为博其欢心，在镐京城东双寨村修建了一座行宫，行宫占据高处，方形建制，形似一只乌龟，头尾均有，园内种植褒姒喜爱的梅花和紫金花，周幽王亲自命名行宫为“龟背梅花紫金城”，并时常带着褒姒来此游玩打猎。直到现在，村中还有人种植紫金花树。在村子老城堡的西城门外，有一块古老的照壁（屏风墙），按照风水来说，这块照壁刚好压在乌龟的头上，让这座形似神龟的村子不能动弹和翻身，以保护村中百姓的安全。

关于双寨名字的来历还有一种说法，这里曾是西汉傅太后的陵墓，傅太后是汉元帝的嫔妃，她生下了定陶恭王刘康，由于汉成帝没有子嗣，汉成帝病故后刘康的儿子刘欣被立为皇帝。刘欣继位后，皇家的琐事让他十分头疼：汉元帝的皇后王政君被尊为“太皇太后”，汉成帝的皇后赵飞燕被尊为“皇太后”，封号被占，但是自己的母亲和奶奶也要上尊号。有人提出可以同时尊两个太皇太后和皇太后，大司马王莽等人坚决反对，而奶奶哭着闹着要求皇帝定封号，汉哀帝没办法，发明了一个新词，称自己奶奶为“帝太太后”，地位等同于太皇太后。公元前1年，帝太太后去世，有一种传说是葬在了上双寨，一年后，汉哀帝刘欣也驾崩了，王莽重新掌握权力，他觉得傅太后的尊号根本不符合礼法，便将其陵墓掘开，并召集多人将其陵墓封土铲去了一部分，形成一个宽阔的平台。明清时期有人在平台上居住，取名为“上方寨”，后来演变为“上双寨”。

上双寨历来人丁兴旺，神龟的传说也象征着长寿安康，乳白的炊烟和灰色的暮霭交融在一起，让这里的传说若隐若现，很是奇妙。弯弯的紫金花竞相开放，离群的花瓣聚集在这块平整的土地上，飘飘然如御风而行，斑驳的照壁见证了走马灯般的历史，在一列又一列通往双寨的地铁中远远而去。

秦镇

两千多年历史的秦镇米皮

相传，秦始皇时，有一年沣河干旱，百姓收成不好，官府照例收取税赋，百姓只好挖井水灌溉土地，但收获的粮食品质很差，达不到进贡的要求，大家十分惊恐。当时有个村民，将大米用水浸湿，碾成米粉，蒸熟后切成条状，名为大米面皮子，这种食物就是后来闻名天下的“秦镇米皮”。村民带着大米面皮子来到咸阳，请皇帝试尝，秦始皇品尝后，连连称赞，秦镇米皮也成了宫廷贡品，一直延续下来。

西安市鄠邑区秦镇，其历史可以追溯到三千年前，西伯侯姬昌讨伐崇国（详见《长安处处有故事·西安地理》中的“祝村”），占领了崇国的土地，姬昌把都城迁到沣河边，修建了丰京，丰京的王宫就在今天鄠邑区的秦镇，西伯侯姬昌当年在秦镇宣讲《周易》，励精图治。今天秦镇南门外还有一个大土堆，据说就是姬昌留下的遗迹，也有人说这个大土堆是西周时期的一个陵墓。北门外的西周灵台，1999年被西安市长安区列为重点文物保护单位。秦镇这个名字来源于五胡十六国时期，后秦皇帝姚兴十分崇尚佛教，他想邀请当时天下闻名的鸠摩罗什法师来长安译经，但是鸠摩罗什被军阀控制在凉州，不得脱身，几次交涉无果后，公元401年，姚兴率领大军讨伐凉州，迎回了58岁的鸠摩罗什。鸠摩罗什过沣河的时候，姚兴专门在此设下渡口，所以，这里得名为“秦渡”。唐朝时期，唐玄宗派人在沣河上修建木桥，这是官方记载的第一座秦镇桥，后来因为沣河发水，桥被毁坏；到了明朝万历年间，户县知县王九皋和盐商李良贵共同出资重修此桥，命名为“三秦广济桥”；清朝道光年间，木桥再度被毁，一个叫赵恒斌的乡贤在原木桥的基础上修建了石板桥，一直使用到新中国成立后，今天当地还有遗址保存。

秦镇古时候是长安和鄠邑之间的枢纽，商贾云集，形成了繁华的古镇，明清两朝均在秦镇设置驿站，往来的公文，百姓的信件都在这里得到中转，这是关中四大古镇之一，号称“万人集”。时至今日，你仍然能看到很多百年老字号的凉皮店，这里的凉皮以“筋、薄、细、软”著称，与乾州锅盔、岐山臊子面并称“关中三大美食”，秦镇凉皮的制作工艺也被收入西安市首批33项非物质文化遗产名录中。

日落跌进沣河里，留给秦镇的是炫目的晚霞，我们沿着星河捡着这里遗落在月亮旁的回忆，这世间青山灼灼、星光杳杳、秋雨淅淅、晚风慢慢，高僧渡过的河口，有雾有灯也有虔诚的信徒；始皇品尝的美味，流传的何止是民间故事，还有秦镇在黄昏写的一封书信，载着落日的余晖和沣河的浪漫，寄给我和你，寄给时间本身。

长里村

仓颉造字的地方

《法苑珠林》记载，传说西周时期，周穆王西游，到了古印度国，见到了古佛。佛告诉他："在你的都城镐京有座古塔，回去以后，一定要好好修葺保护。"周穆王记下，回国后在今天西安市长安区长里村修建了一座神庙，取名为"三会道场"。

南北朝时期，相传文殊菩萨来到东土，高僧智猛曾经与文殊菩萨对答，文殊菩萨说："在秦都南三十里，有一座古台，这里曾有圣人的足迹。"后来高僧智猛给北周皇室上书，将西周的"三会道场"改为"三会寺"，并翻新扩建。隋朝年间，官方在三会寺发现一处古人类遗址，出土的陶片上有很多符号，经过考证，确认这是上古时期仓颉造字的地方，于是筑台保存，尊为"仓颉造字台"。仓颉是黄帝时期的左史官，当时的人们"结绳记事"，但是随着人们对世界的认知加深，结绳出现的重复和错误越来越多，黄帝命令仓颉重新制作一批符号，来表示农业生产和世间万物。仓颉在前人的基础上，呕心沥血数十年，整理并创造了一批象形符号，在部落中推广。他后来又发明了会意字、形声字等，后世称他为"造字圣人"。文字的发明让中华民族的文化延续了五千年，后世出现的甲骨文、金文、篆书，包括今天的简化字，如果对比远古的符号，都能找到传承的痕迹。

长里村的三会寺和仓颉造字台历来受到人们的追捧。唐中宗曾和韦皇后、上官婉儿来此凭吊，唐朝诗人岑参、李咸、王遵都曾留有诗篇，清代陕西巡抚毕沅立有“仓颉造字台”的石碑。民国时期，造字台已然破损，近代改良派风云人物康有为登台感慨。后来张学良、杨虎城陪同蒋介石亦来此祭拜，蒋介石当时兴致很高，还想创建一座“仓颉大学”。

三会寺和仓颉造字台所在的长里村，在唐朝叫作“三会寺村”，“三会”是佛教迦叶佛曾在这里三次讲经说法，而信众有幸能和迦叶佛三度会面；另一种说法是“塞回寺”的谐音。清朝《长安县志》记载，长里村在明朝有一条长路，“里”是明朝常用的表示路程的单位，因此得名；另一种说法是村子呈南北长条状而得名“长里村”。

如今的长里村，仓颉造字台的遗迹仍然留存。一个又一个的汉字，编成词语，形成句子，又记录着故事。因果之事似乎总是环环相扣，周穆王的陵墓就在造字台不远处，迦叶佛和高僧智猛的传说知晓者寥寥无几，历代名人的足迹也不问归期。秋来春去，现代的汽车科技企业在周围兴起，又有多少朝夕，村子的那些历史早已远去，成了故人的回忆。

卢家口村

汉朝最高的建筑

公元前33年，汉元帝在未央宫进行了一场大型的送别仪式，盛装出席的王昭君缓缓坐上马车，她即将远嫁匈奴呼韩邪单于，一行车队离开未央宫，从章城门出长安。章城门后被王莽改名为万秋门，唐朝又改名为延秋门，唐玄宗在安史之乱时曾从此门出逃（详见《长安处处有故事·西安地理》之延秋门），今天这里叫作卢家口村。

今西安市未央区卢家口村，名字来源于明朝，当时有卢姓人到此居住，汉朝的章城门隋唐之后仅剩城墙的豁口，故而得名“卢家口”。卢家口村北边，曾有一处大土台，称为“未央宫夯台”。经元代的李好文、清代的王森文等学者考证，这里是汉武帝修建的柏梁台。《史记·平准书》记载，汉武帝曾经想攻打昆明国，便在长安城西南修建昆明池，在此操练水军，昆明池上战船林立，旗帜飘扬，甚为壮观，汉武帝又在章城门旁修建了几十丈高的柏梁台，因用香柏为梁，故而得名。汉武帝时常登上柏梁台，上林苑的风景尽收眼底，昆明池的盛况皆可俯瞰，柏梁台是当时长安城最高的建筑，台上还有一处高大的铜柱，柱子上有铜刻的神仙，神仙捧着玉盘，玉盘里装着玉杯，玉杯用来承接上天的甘露供汉武帝饮用。公元前104年，长安城忽来狂风，柏梁台上的建筑被损坏，接着又遭遇一场大火，让这里只剩一处高台留存下来。

卢家口村的东南边，是汉朝未央宫的苍池，苍池中有一座渐台，汉文帝曾梦见自己登天，位列仙班，但是登天到最后一步，始终不能如愿，梦中有一船夫推了他一把，才顺利进入天庭。梦醒后，汉文帝来到苍池，当时管理船舶的官员正好在水上经过，此人和梦中的船夫十分相似，汉文帝询其姓名，管理船舶的官员回答，自己叫作“邓通”，汉文帝大为惊讶，“邓通”不就是“登通”吗？就是梦里帮他的那个船夫！从此之后，邓通官运亨通，做到了上大夫，成为汉文帝的宠臣。

公元23年，绿林军进逼长安，新朝皇帝王莽自知大势已去。他一生推崇《礼记》，《礼记》中记载“国有大灾则哭以压之”，于是王莽组织了上千人的“哭天大典”，现场一片哀号，画风奇特。希望用哭来吓退敌人的计划很快落空，绿林军攻进长安，王莽慌忙躲到未央宫苍池，被杀死在渐台上。

斑驳的章城门，留下的是岁月，岁月里有王昭君的远离故土，也有汉武帝的雄伟山河；未央宫的夯土台，留下的是历史，苍池渐台晕开了邓通的进阶之路，也葬送了王莽的宏图江山，所有的故事归于卢家口村，而卢家口村今亦被拆迁，生于尘土，复归尘土。

南姜村

小国的辛酸流亡史

公元前1047年，周武王会盟天下诸侯，率领战车三百辆，步兵数万人讨伐商纣王，纣王率军抵抗，双方在商朝国都朝歌城外大战。纣王的军队临阵倒戈，丢盔弃甲，纣王自知无力回天，自焚而死，周武王夺取天下。在这些帮助周武王伐纣的诸侯国中，其中有一个叫卢的方国，和西安市雁环中路上的南姜村、西姜村有着密切的联系。

卢方国发源于甘肃平凉的崆峒山，一开始依附商朝，因西周在渭水一带逐渐强大，不得不跟着周武王伐纣。商朝灭亡后，西周当然不允许周边的少数民族崛起，卢方国再遭军事打击，并于其他少数民族杂居，形成了一个新的小国卢水胡。战国时期，义渠国崛起，卢水胡被义渠欺凌，在甘肃、陕西多个地方东躲西藏，不断变换居住地。秦汉时期，匈奴成为北方唯一的霸主，卢水胡在匈奴的扶持下，和羌族混居，变得很有势力。不料汉武帝时期，多次派兵和匈奴决战，匈奴大败，退出河西走廊，卢水胡成了汉王朝的雇佣军。东汉时期，有部分卢水胡的军民迁到长安城南居住，老百姓称他们为羌族，把这里叫作“水胡羌村”。

那么，羌村和姜村是如何演变的呢？“羌”字甲骨文写作“”和“”，上部分是一个“羊头”，表示少数民族。“姜”字甲骨文写作“”上半部分仍然是一只羊，下半部分是代表女性，表示牧羊的女人。有种说法是古羌人或以“羊”为图腾，还有一种说法

是“羊”代表祭祀，地位很高。羌代表的是部落的名字，姜表示的是姓氏。唐朝的时候，长安城南边的老百姓按照羌村当时的姓氏称这里为“姜村”，于是就有了东姜村、西姜村、南姜村。

唐代小说家陈鸿在历史上并不出名，但他的好友白居易写《长恨歌》的时候，请他写了一部传奇小说《长恨歌传》，因而唐明皇和杨贵妃的故事被后世不断演绎。陈鸿曾经为亡妻立了一尊三层经幢（佛教石刻的一种），后来在姜村出土。姜村历经元明清各个朝代，一直未曾改名。

新中国成立后，姜村以农业为主，属于雁塔区长延堡街道办。1998年，西安欧亚学院与西安南郊杜城的“西安市华安禽业集团公司”签订合同，承包并使用该公司及周边土地；随后高校让宁静的姜村热闹起来。大学和城中村似乎是天生的一对，在西姜村、南姜村、下塔坡村，青春永远是主角，在成长过程中，每个在这里的学子都会把自己分成两半：一半是村子的喧嚣和市井，一半是学业和远方的理想。南姜村和西姜村的繁华也造就了那些耳熟能详的名字：大红鹰、梦飞船网吧、学府食苑……

随着城市化的发展，姜村全部拆迁重建，真正的历史，总是隐藏在市井中，等待着时间的起落。今天，老人们围坐在小区楼下，三三两两的学生合租在这里，如果没有烟火气，村子就是一种孤独的存在。如今，这里开着各式各样的店面，曾经走出去的你，是否有一天愿意回到村里，说说这些年的孤独，聊聊中年人的心酸，点燃一根几元钱的哈德门，回忆那些错过了的女孩，再喝一瓶辣出眼泪的二锅头。

卢方国

西八里村

八里村

唐高宗居住过的地方

唐武宗时期，宰相李德裕酷爱喝茶，他有个习惯，派人从一千二百千米外的江苏无锡惠山取水运到长安，只为泡一壶好茶。有一位僧人眼见宰相如此铺张浪费，便拜见他说：“长安城中有一个叫昊天观的地方，这里的水和无锡惠山的水一样纯净，不必大费周章。”李德裕命人将昊天观和惠山的水同时取来，称取重量，果然一模一样，从此，李德裕改喝长安城昊天观的水。

唐朝长安城昊天观在哪里？根据隋唐一百〇八坊显示，昊天观位于朱雀大街东边的保宁坊，就是今天的八里村、陕西广播电视台一带。这座道观大有来头，唐太宗贞观年间，这里是晋王的住宅。晋王是谁？就是后来大名鼎鼎的唐高宗李治！李治当了皇帝之后，为了给父亲祈福，将他之前住过的保宁坊改为道观，取名“昊天观”。之所以取“昊天”一词，是因为唐朝初期崇尚道教，道教中“昊天上帝”表示至高无上的天。唐高宗亲自为这座道观题字，可见当时对道观的重视。这座道观从唐到宋、元、明时期都保存完好。

那么从什么时候这里改名叫八里村的呢？这要从明朝说起，明朝时西安已经不是王朝的都城，而是西北防御的重要城市，明朝皇帝在西安修建了很多军事防御机构。八里村在明朝叫作“八里屯寨”，是明朝藩王朱樉囤积军需物资的地方，修建于明洪武三年（1370年），此地离城八里故而得名“八里屯寨”。

八里屯寨的规模如何？超乎你的想象，这里是一个小城堡，四周有城墙，城墙外有护城河、吊桥，南边的门楼上有“八里屯寨”四个大字，屯寨里有兵马驻扎。清朝时，有人聚集于此，形成村子，根据“八里屯寨”改名为“八里村”，后又因长安路从此经过，将村子一分为二，东边为东八里村，西边为西八里村，并沿用至今。

新中国成立后，随着西安邮电大学、西北政法大学、西安外国语大学、陕西师范大学等高校在八里村周围修建，这里逐渐成了学生的聚集区，更有进城务工的人在这里蜗居，小寨商圈的兴起提高了这里的知名度。广电的同事们将这里戏称为“八里国际”，早上半块锅盔，中午咥碗面或是在川菜馆喝点高度白酒，你时不时会在夜幕中看到吃着烤面筋的年轻人，也会在冬日的午后看到晾晒衣服的女孩子，吵闹的各种门店叫卖声，修鞋的大师傅，奔跑的小孩子，都在讲述着人间的烟火气息。如今，八里村正在持续改建拆迁中。青春岁月已老，希望多年以后，我们还能找到类似于城中村的地方，跟红尘逆旅客，醉眼长谈；跟同病相连人，把酒言欢。

三桥

古长安西大门

公元756年6月，安禄山的叛军攻破潼关，唐玄宗在兴庆宫勤政务本楼对文武大臣说要御驾亲征，同时龙武大将军陈玄礼挑选出九百匹战马，暗中带着禁军保护着唐玄宗及其皇族，经过三桥一路逃出长安时，宰相杨国忠想把桥焚烧，以阻挡进城的叛军，唐玄宗觉得后面还有数千名宫女、太监跟随，不能断了他们逃生的道路，下令禁止焚烧桥梁。

今西安市沣东新城三桥街道办，原属未央区，既是重要的交通枢纽，又有悠久的历史。三桥这个名字起源于西汉，公元前104年，汉武帝修建建章宫，宫殿恢宏，远超未央宫，有“千门万户”之称，是当时皇帝的办公场所。《类编长安志》中记载，建章宫南有皂河，河上有便门桥，便门桥又称三桥，这里是西安的“西大门”，三桥在王莽时期曾被毁弃。隋唐时期修建禁苑时，在西边延秋门外又重新建桥。唐德宗年间，泾原兵变，唐德宗出逃，叛军在长安推举太尉朱泚为皇帝，攻陷长安，大将李晟组织兵力，从长安城北打到城南，大败叛军，收复长安。得胜后的李晟身穿铠甲在三桥迎接皇帝，两次跪拜叩头，向唐德宗说：“身为陛下的臣子，不能很快消灭叛贼，使陛下两次流亡，是我不称职的罪过，请定我的死罪。”唐德宗感动得掩面流泪，重赏李晟。

明清时期，有很多山西移民来到这里，三桥正式建镇，这里也是西安城西行的必经之路，东、西方的货物均聚集在这里，因此三桥是方圆数十里的商贸中心，这里也成为明清长安八大名镇之一。民国时设立三桥乡，围城之战时，冯玉祥带领西北联军在三桥与军阀刘镇华的镇嵩军展开激战，并夺取了三桥，迫使镇嵩军溃逃，解了西安之围。抗战时期，很多河南、山东逃难的人在这里聚集。1949年5月20日，中国人民解放军强渡渭河，攻占三桥地区，在三桥后卫寨设立临时指挥部。三桥的百姓积极拥护，协助解放军在当天解放西安城。西安解放初年，三桥曾设“市”，后来又改为三桥乡、三桥街道。

如今三桥北边是汉长安城遗址，南边有秦阿房宫遗址，三桥立交纵横交错，地铁贯穿东西，春去秋来，年复一年，皂河的水流尽了记忆里那些个兵荒马乱的曾经，唯有偶尔翻开汉唐明清的历史时，才会恍惚觉得，历史仍是一副清澈的少年模样，那座古桥包容了浮世的喧嚣，把历史揉进月夜的温柔里。年华似水了无痕，河畔芦苇都忘了那一年的风，它们只道新桥换旧桥，新人换旧人。

瓦胡同村

为什么西安会有『胡同』

“胡同”一词起源于元朝，有不同的说法：一说蒙古语将城镇称为“浩特”，元朝统一后，按照自己民族的习惯，把中原的街道也叫作“浩特”，后来演变为“胡同”；另一种说法是元朝是少数民族，汉族称之为“胡人”，他们的政治口号是“胡人大统”，故有“胡同”；第三种说法来自于民间，元朝定都北京后，汉族百姓把胡人走的街道称为“胡同”。胡同是北京和苏州的特色名称，在西安也有一处地名叫作“瓦胡同”，在西安众多地名中显得非常独特。

东汉末年，董卓强制汉献帝从洛阳迁都长安，大臣均反对，因为长安皇宫在西汉末年遭毁坏，无法居住。董卓说：“南山杜陵下，有汉武帝时期的瓦陶窑数千所，可以解决重新装修皇宫的问题。”这数千所瓦窑，其中就包括今天的瓦胡同村。

瓦胡同村在唐朝靠近启夏门，启夏门是长安城南边外郭城偏东的城门。明朝皇室后裔郃阳王朱公镗（tāng）的墓，1994年在瓦胡同村被发掘。1997年，西安文物考古所在瓦胡同村进行了发掘，发现唐代诗人白居易长兄白居仁也埋葬于此。

明朝在此修建有砖瓦厂，当时叫作北窑。明武宗时期，从北京来了一位朱郡马，因是皇亲国戚，所以出手阔绰，在北窑修建了一座小城堡，按照北京的叫法，称这里为“瓦窑胡同”，城堡里酒店、茶楼、赌场、妓院一应俱全，日日歌舞升平，当时百姓把这片区域叫作“小南京”。民国时期，这里才正式叫作“瓦胡同”。

到了近代，爱国人士宋联奎先生把私人花园修在这里，刚开始，进步人士在此商议抵抗帝国主义和军阀割据，抗战爆发后，各方代表纷纷在这里聚集，了解抗战局势，决定未来策略，其中就包括周恩来、朱德、林伯渠、李宗仁、宋伯鲁等。

新中国成立以后，瓦胡同村成为西安市著名的城中村之一，大学生和务工人员在这里居住，低价房租和低消费让这里的流动人口一度达到三万人，各式各样的小饭馆，还有家家户户贴着的租房信息，都成为那个时代的烙印。2010年，随着翠华路的打通，瓦胡同村开始拆迁，很多人年轻时在城中村的过往成了回忆。

今天，我们既享受城市发展带来的快捷，又怀念以前瓦胡同村的市井，因为那里有一群人的青春。那时的天很蓝，屋顶上的瓦片被晒得明亮而温暖，风把地上的传单吹起几页，又被行人匆匆地踩在脚下，头顶上的电线纷繁复杂，几只自由的小鸟停在上面，看着这一切，在那个狭小的胡同里，我们是否都有过一段故事，笑着对别人说起……

温国堡

只做了十七天的唐朝皇帝

公元710年6月，唐中宗李显突然暴病而亡，把持朝政的韦皇后将李显的第四子李重茂推上皇位，十六岁的李重茂作为傀儡坐上了龙椅。韦皇后效法武则天独揽朝政，同时安排人盯紧相王李旦（唐中宗之弟，也曾做过皇帝），不让他轻举妄动，韦皇后之女安乐公主积极配合母亲，她的心中也有一个当女皇的梦。

不到一个月，李旦的儿子李隆基就联合李旦的妹妹太平公主，共同起兵，发动宫廷政变，杀掉韦皇后和安乐公主（详见《长安处处有故事·成语典故》中的“唐隆政变”），皇帝李重茂被胁迫和叔叔李旦一同登上城楼，向百姓历数韦皇后的罪行。太平公主开始策划李旦做皇帝。几日之后，太平公主上朝对大臣说：“国家处在危险阶段，现在请相王李旦登基，重整大局。”说完让人宣读了李重茂禅让皇位的诏书，李旦跃跃欲试，李重茂呆若木鸡，此时的他已无力改变任何事情，但皇帝宝座也不甘心拱手让人。太平公主上前，对他说：“孩子，这宝座不是你的，相王人心所向。”说完扯开李重茂，下台扶着李旦登上皇位，群臣高呼万岁。李重茂仅继位十七天就被贬为温王，其封地在今西安市长安区温国堡一带。

关于温国堡的历史还有一种说法，公元617年，李渊从太原起兵争夺天下，起兵时，李渊带着厚礼去拜访了一位名叫温大雅的学者，让其加入团队。温大雅担任参谋的角色屡出良计，李渊在长安做皇帝后，温大雅更是作为近臣受到垂青。为了巩固大唐的意识形态，温大雅花了五年的时间，相继完成了《大丞相唐王官属记》《今上王业记》《大唐创业起居注》的编写，这些著作也成了后人研究初唐历史的重要资料。李世民发动玄武门之变时，温大雅赴洛阳，掌管李世民的嫡系部队，帮其稳定局势。李世民继位后，升他做礼部尚书，封黎国公。温大雅于公元629年病逝于长安。据说温国堡就是温大雅的庄园，历代的人称温大雅为温相，所以这里叫作温国堡。温国堡中曾有“温相寺”，相传就是为了纪念温大雅而立。

如今的温国堡，地处西安市长安区大学城内，于2013年城中村改造时被拆迁，千年历史随着南边的潏河一去不返。很多人喜欢唐史，唐朝不止有万国来朝的盛世，更有慢慢凋零的村落。时间的车轮由远而近，碾碎了李重茂帝王的清梦，也带来了温大雅宰相的故事，而今这些故事一笔勾销，成了地方志里的些许文字，被历史缓缓翻过。

延兴门

隋文帝年间，在大兴城永寿坊（今西安市科技路一带）修建了一座延兴寺，唐中宗年间改名为永泰寺。这座寺庙的第一任住持是隋文帝非常敬重的昙延法师，根据他的法号，隋文帝给大兴城东南和西南两座外郭城城门取名为“延平门”和“延兴门”。

今天，西安城东南地铁三号线有一站名叫“延兴门”，是根据隋唐时期长安城外郭城门得名，隋唐延兴门所处的位置在铁炉庙村的南边，东边还有一个村子叫作“延兴门村”。隋文帝修建大兴城的时候，很多无人认领的坟墓被迁到东南边，因此延兴门外一度是墓葬区。为了超度如此众多的亡灵，隋文帝在延兴门的西边修建了一座寺院，取名为灵感寺，灵感寺就是我们今天熟知的青龙寺前身。隋唐时期清明节前后，城中上至达官贵人，下至黎民百姓，纷纷到此祭奠先祖。

唐懿宗年间，郭淑妃生下同昌公主，唐懿宗对其十分宠爱，同昌公主出嫁，唐懿宗为其准备了极为奢华的婚礼。不料同昌公主红颜薄命，二十一岁便得了重病撒手人寰。唐懿宗为同昌公主举行了隆重的葬礼，送葬的队伍浩浩荡荡，唐懿宗亲自送至延兴门，泣不成声。唐懿宗痛失爱女，竟将公主之死迁怒于医官，将二十多位御医全部斩首。皇帝还不解恨，又将医官亲族三百多人全部关进狱中。宰相刘瞻劝谏皇帝，也被罢免。

延兴门内，并列着新昌坊和升道坊，除了青龙寺外，还有一座崇真观。写出“锄禾日当午，汗滴禾下土”的诗人李绅就住在这里；写出“秋风生渭水，落叶满长安”的诗人贾岛也住在这里；公元820年，中唐著名诗人白居易迁居于此，他对入住的新房非常满意，还写下了“青龙冈北近西边，移入新居便泰然”的句子。唐朝末年，诗人韦庄的一首《延兴门外作》，描写了延兴门周围热闹而又美丽的场景。唐玄宗朝名将哥舒翰的住宅在新昌坊，他多次在边关打退吐蕃，战功卓著。适逢安史之乱，哥舒翰在潼关与叛军对峙，然而唐玄宗与宰相杨国忠催促其主动出击，遭到叛军埋伏，唐军大败，一代名将哥舒翰被安禄山俘获。这里还被称为“宰相社区”，唐玄宗朝宰相苏颋（tǐng），唐文宗朝宰相舒元舆、崔群、牛僧孺，唐穆宗朝宰相窦易直，唐僖宗朝宰相郑畋都曾住在这里。

唐朝灭亡后，军阀韩建缩建长安城，放弃了外郭城，延兴门也逐渐废弃和消失。岁月徜徉，历史遗殇，城门之下白马少年唱过的诗行，城门之内名将宰相梦里到过的远方，都成了一纸疏狂，帝王爱女的愿望，留在了延兴门，留在了新昌坊，留在了千年前远去的大唐。

小寨

西安有多少个叫『小寨』的地名？

唐宪宗在位时，因治国有方，国家政权一度回到正轨，被视为“元和中兴”。名臣裴度坚持正道，辅佐唐宪宗，在这期间数次平定国内叛乱。公元826年，裴度又一次回到长安，唐敬宗隆重接见了他，并让他留在国都处理朝政，左拾遗张权舆突然上奏：“裴度的家住在长安城九五之地上，这明显是大逆不道，皇上不能重用！”张权舆为什么要弹劾裴度？裴度的住宅又有什么秘密呢？

西安市的高陵区、未央区、蓝田县、周至县都有地方叫“小寨”，灞桥区甚至有两个地方叫小寨，其中除了十里铺小寨是宋朝驻军的地方外，其他均出自于明朝军寨。当然最为我们所熟知的是雁塔区的小寨商圈。这里在唐朝属于安上门大街一百〇八坊中的靖善坊、兰陵坊、安善坊和靖安坊，北边的长安立交属于永乐坊。隋唐长安城是按照《易经》六爻对照城市中的六道高坡来修建的，小寨、南二环这里刚好属于九五之地。九五之地需九五至尊皇帝居住，但是当时皇宫修建在北边，所以这里修建了玄都观和大兴善寺，用道观和佛寺来镇压龙气。隋唐初年，一般不允许人在这里居住，裴度的家在永乐坊，所以张权舆才弹劾他。但是唐敬宗还不算太昏庸，继续启用裴度，一是当时天下确实弊病严重，需要裴度；二是盛唐以来，在九五之地居住的人已经很多，僭越的规矩已经淡化。

小寨这里名人汇集，靖安坊中住着唐宋八大家之首韩愈；写出“曾经沧海难为水”的元稹；写出“恨不相逢未嫁时”的张籍；还有唐文宗朝宰相李宗闵；唐宪宗朝宰相武元衡；另外唐玄宗之女咸宜公主，唐代宗朝驸马张怙（hù）均在这里定居。安善坊是唐朝的教弩场，靖善坊属于大兴善寺，兰陵坊中住着武则天朝宰相韦待价、唐玄宗朝曹王李戢。一千多年前，这里就具有极好的风水，还有一批历史名人坐镇。唐朝之后，村子和军寨几经转变，如今随着城市的发展，双地铁的配置，小寨已经成为西安著名商圈，有“人流收割机”的称号，这里也和成都春熙路、西安钟楼、重庆解放碑合称“西部四大商圈”。

无论你是这座城市的居民还是过客，一定会在某一个周末，和喜欢的人在小寨十字路口驻足停留，太阳的余晖在天桥上尚未散去，贴膜的小贩必然准时经营，四方的车辆走走停停，书城的人们进进出出，曾经的百汇已改换门庭，如今赛格长长的扶梯上尽是青春的声音。或许年轻时你也在这里和某一位异性交换过真心，或许时间过去太久，那年的人已再难找寻，熙攘的人群终会在深夜归于平静，小寨的故事从古到今，是历史在持续前行，也是青春不断的憧憬。

广泰门

秦朝灭亡于此

公元前207年10月，刘邦攻破关中，屯军灞上，秦王子婴见大势已去，让人用绳子把自己绑住，带着玉玺和兵符亲自到刘邦军前投降，秦朝灭亡。《陕西省西安市地名志》记载，子婴投降的地点就是今天西安城内的广泰门。

西安市未央区东边，地铁三号线有一站名叫作广泰门，广泰门这个名字源于北边的广大门村。隋朝修建大兴城的时候，北边设有禁苑，禁苑四面都设有城门，其中东边偏南的城门叫作“广泰门”。还有一种说法是公元617年，唐高祖李渊率军进入关中，从城东攻破长安。在一位名叫钟霄的云游道士劝说下，李渊将进城的通道取名为“广泰门”，意思是“广泰有感，四海升平”。

唐朝中期，名将李晟十八岁投身战场，在与吐蕃的作战中，多次立下战功，并带兵平定过藩镇节度使的叛乱。公元783年，泾原兵变，太尉朱泚被推举为皇帝，泾原兵攻下长安，唐德宗带着皇妃、太子诸王等仓皇出逃。李晟迅速回援长安，先攻通化门，为了不误伤百姓，李晟向北在广泰门与叛军主力决战，并获得大胜，收复长安，迎皇帝回朝。李晟故去后，唐德宗为了表彰他的功劳，将他的画像挂在凌烟阁中，同时在广泰门中设立忠烈祠，供后人膜拜。李晟身材高大且较为肥胖，祠堂按照其真实形象塑像，百姓就称这里为“胖官庙”，后来被人误读为“判官庙”。

关于“判官庙”的说法还有另一个来源，今天的广大门村确实有一座全国唯一的判官庙，供奉的是阴间判官崔珏。相传，唐太宗被泾河龙王索命，死后到了地府，崔判官不仅没有将他收入，还给他增加了十年阳寿（详见《长安处处有故事·西安地理》中的“丈八路”“崔家庄”），李世民还阳后为了感谢崔判官，在此修建了判官庙。判官庙自建成后香火不断，长安城凡有不平之事，均会到此祭拜，甚至唐朝开元之后，长安遭遇旱灾，朝中便有官员到庙中祈雨，据说有求必应。

明朝穆宗年间，这里形成村子，得名“光大里”，新中国成立之后，改名为“广大门村”，并沿用至今。兴亡千古，繁华一梦，唐高祖的意气风发与唐太宗的地府还魂都在这里津津乐道，名将李晟的祠堂和崔府君庙宇都在浐河边矗立。遗庙丹青落，空山草木长。历朝历代千万人来了又散，一日复一日，从来不曾改变，分分合合的岁月，也只有那庙宇中供奉的神像，殿堂前不灭的香烛，袅袅烟火，看尽了世事沧桑。

甜水井

含光井水有点甜

西安城作为历代王朝都城，城市不断被开发，地下水污染日益严重，百姓以苦水度日。相传，八仙之一的韩湘子为了拯救众生，便将凡间井水酿做成米酒，并将方法施给众人，众人欢喜，民间流传："真酒不苦，真水不香，苦尽甘来，玉露琼浆。"家家户户将米酒倒入井中，顿时香气四溢，味美甘甜。为了纪念韩湘子，人们把韩湘子所住之处称为"湘泉"，后误传为"香泉"，他所住的街道就叫"甜水井"。

西安城含光门内，南北走向的街道便是甜水井街。根据隋唐长安城建制，街东边有鸿胪客馆（隋唐外交宾馆）和鸿胪寺（隋唐外交部），西边是大社（古代天子祭祀土神、谷神的场所）。元朝这里叫作含光街，明朝为含光坊，清朝康熙年间，生活用水需求旺盛，且水质很差，虽然统治者已将西安城周边的河水引入作为城市生活用水，仍然很难满足百姓生活所需，唯独此处和安定门的水清澈可口，头脑灵活的商人们便雇人将此处的水挑着沿街售卖，且甜水井旁还有甜水茶馆，不少西安人来此享用，甜水井的水成为当时西安城的奢侈品。

清朝光绪年间，慈禧太后任用军机大臣赵舒翘联络义和团，想通过义和团对抗外国侵略者。不曾想八国联军侵华，北京沦陷，慈禧太后逃到西安，与八国联军和谈。八国联军指出军机大臣赵舒翘等人是支持义和团的后台，要求清政府严惩，慈禧太后将赵舒翘革职留任。八国联军仍不满意，慈禧太后又下令将他斩立决。消息一出，西安城内绅民三百余人为赵请命，要保全这位忠臣义士，又有上万名百姓云集鼓楼一带保其免死。慈禧太后眼见民意如此，又不敢得罪八国联军，下诏“赐死”，令其在甜水井街家中自尽。赵舒翘吞金未死，又服下砒霜，仍然存活，最后用纸贴紧七窍，灌以烧酒，他才气绝而亡，一代名臣谢幕。

新中国成立以后，西安城含光门内，北至五星街和梆子市街十字，长385米的街道被命名为甜水井街，1966年这里改名为前卫路南段，1972年恢复原名。另外，含光门内西边还有一条长218米的街道被称为“西甜水井街”。

时间很刻薄，百年前人们赖以生存的古井已荡然无波，名臣殒命背后又有多少恩仇家国，今天我们在随时取用饮水的时候，是否会回忆起我们的先祖曾在这条古老的街道上，为饮水所苦。春与秋的希冀望穿了老树几棵，他们的故事与时间的流逝又相差了几何？历史的微风掠过，又是哪一位说书人，在甜水井街的一个角落，讲着韩湘子的传说……

北大街

为什么北大街比南大街长？

今西安市以钟楼为中心，东、西、南、北各有一条大街，奇怪的是，北大街的长度远远长于南大街。相传，明朝秦王朱樉修建西安城墙的时候，为了图吉利，要把南边董仲舒的墓隔在城墙之外，就不断把城墙往北移动，神奇的是，无论怎么修改，董仲舒的墓始终离奇地出现在城内，秦王朱樉只好作罢。因为不断往北移动城墙，所以南大街短于北大街。

传说故事当然不足为信，这一切还得从唐朝长安城太极宫说起，太极宫南边是皇城，北边是宫城，这是隋朝和唐朝初年的皇宫。经过唐末战乱，长安几乎被毁灭，节度使韩建为了便于军事防守，放弃了长安城外郭城和太极宫宫城，只保留了皇城。明朝修建城墙的时候，把唐朝的皇城向东和向北各扩张了三分之一，明朝晚期，又把钟楼从广济街搬到了今天所在的位置，根据四个方位，钟楼延伸出的四条道路分别命名为东、西、南、北四条大街。这样的变迁导致了两个结果：一是中轴线由曾经的朱雀门一线改为永宁门一线；二是北大街长于南大街。

清朝顺治年间，清政府在北大街以东的地方修建了一座“满城”，北大街一分为二，南段称钟楼北大街，北段称北门大街。

1911年，陕西新军联合哥老会响应武昌起义，拆除了满城。民国年间，重修此路，确定名称为北大街。新中国成立后，这里修筑了西安报话大楼，其作用和古代的钟楼一样，与北京电报大楼齐名，楼总高62.5米，是当时西安城内最高的建筑。每逢整点，“东方红，太阳升”的旋律，就会响彻西安市中心的大街小巷。京剧大师梅兰芳先生题名的“五四剧院”，曾接待过八百多个国内演出团体和一百多个外国艺术团体，京剧大师荀慧生、尚小云，相声泰斗侯宝林都曾在这里演出过。北大街的百货大楼也是人们值得回忆的地方，永久自行车、松下录音机、蝴蝶手表和飞人缝纫机被称作为“三转一响”，是当时土豪家庭的标配。

1966年北大街曾改名为延安路，1972年恢复原名，并沿用至今。如今西安报话大楼依然像一位老者安静地看着时光走过，钟楼邮局伴随着书信的往来和新闻的刊印，也已走过了六十几年的岁月，各类百货商场随着时代的变迁不断变幻自己的模样。倘若历史是一条长街，熟悉的是景，陌生的是人，怀念的是当初那些闪光的老记忆，有些记忆被时光湮没，交还给了历史；有些历史，被季节遗忘，托付给了流年。

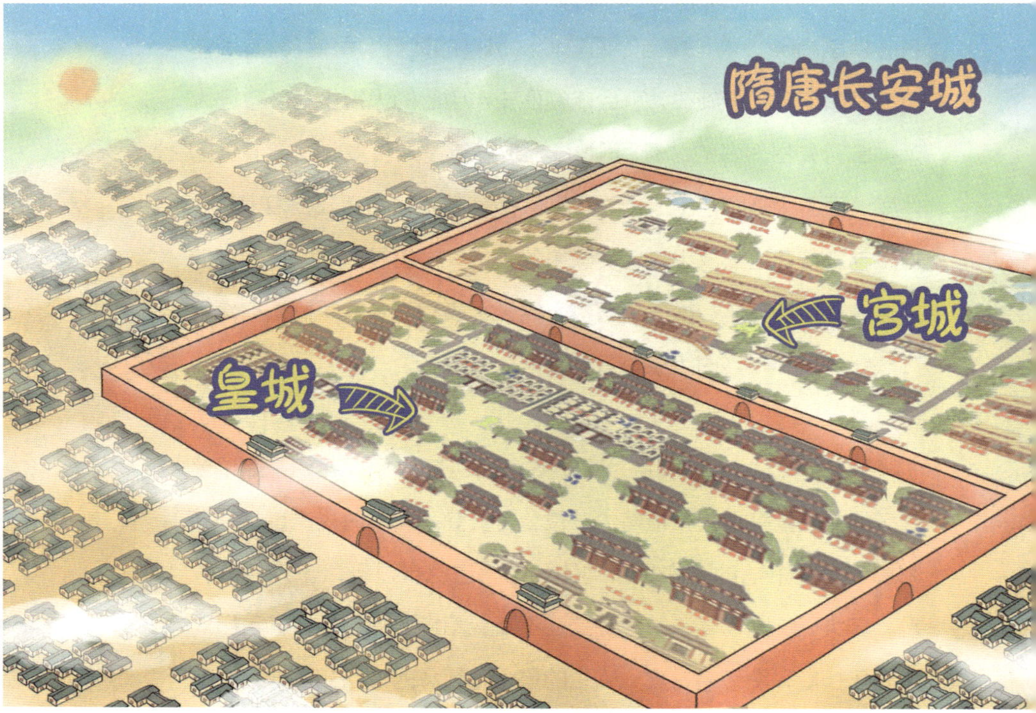

隋唐太极宫示意

明朝扩建皇城

端履门

真的是整理鞋子的地方吗？

今西安市碑林区柏树林以北，老百姓习惯把这里称作“端履门”，奇怪的是，在这里你不仅找不到城门，连“端履门”这个名字也和汉唐时期霸气的城门名字有出入。这里的老人讲：“以前这里是进出皇宫的地方，有一城门，大臣们上朝均要整冠端履，以示对皇帝的尊敬。”历史真是如此吗？

我们习惯把皇帝起居、办公的地方叫作皇宫，其实皇宫是“皇城”和“宫城”的合称，宫城是皇帝及太子、妃嫔的住所，皇城是中央各个机构的办公场所。端履门所在的位置在唐朝属于皇城少府监（制造部门）、太府寺（中央银行），这里有百官见皇帝进出的城门吗？没有！那么这个说法是从哪里来的呢？

元朝末年，天下纷争，朱元璋的大将徐达攻下西安城，明朝时期西安成为西北防御的重要城市，朱元璋派二儿子朱樉到西安做秦王，被称为“天下第一藩王”。明朝初期的首都在南京，朱樉仿照南京城在今西安市新城广场一带修建了秦王府，秦王府分内外两道城垣，内城是“砖城”，用砖包着夯土，外城是“萧墙”，直接是裸露的夯土墙。王府东西南北各开了一道城门，按照儒家“仁、义、礼、智”分别命名，东门叫作“体仁门”，西门为“遵义门”，南门叫作“端礼门”，北门称为“广智门”，城门虽然不似汉唐时期的规格，但依然雄伟壮阔，城门楼、壕沟也都配备齐全。端礼门所在的位置大概在今天的南新街上。

端礼门一直使用到清朝年间。1645年，清军打下西安城，为了巩固统治，八旗兵马很大一部分要求驻扎在全国要紧的城市，当时的西安也在其中。八旗兵马以及他们的家眷在西安扎根，他们在当年秦王府的基础上新建了满城，因此很多建筑和名字得以保存下来，端礼门也就成了满城的南门，一直到乾隆年间，据资料记载，这里还保持原名。不过在清朝后期的地方志里，这里神奇地变为“端履门”，由于没有确切的史料佐证，很多学者根据自己的研究给出了答案：一种说法是，清朝延续了明朝的称谓，但将儒家的“礼”细化，“整冠端履”由此得来；另一种说法是“礼”和“履”谐音，民间误读，才有了“端履门”。辛亥革命爆发后，西安快速响应，革命军占领西安，拆除了满城，虽然端履门被毁掉，但是端履门这个名字却一直延续下来。

时间可以摧毁世上的一切，可以把最坚固的城堡化作历史的残迹，可以把昔日的王朝化成灰烬，可以把雄伟的城门化作我们口中的故事，然而，时间也可以造就一切，把残破的道路变成今天繁华的城市，端履门还是那个端履门，纵使历经六百年的变迁，历史反而让这个名字多了几分独特的余味，而居住于这里的人们也在岁月中经历与成长，慢慢地老去……

十里铺

明朝的驿站体系

中国是世界上最早建立有组织的传递信息系统的国家之一。商周之前的甲骨文中早有记载；秦汉时期就形成了完整的制度；唐朝时全国已有一千六百多个驿站，最快速度一天可以达到五百里，除了运送紧急公文，还附带有快递送货上门的功能，唐玄宗为杨贵妃从南方运输荔枝，就是用的各级驿站，水陆并进送到华清宫，由贵妃亲自签收。

今西安市灞桥区有一处地名叫作十里铺。这里最早的历史可以追溯到唐朝，唐太宗在这里设置驿站，方便信息的流通。宋元时期，朝廷为了加强文件的传输和物资的运送，驿站变得更加完备，给往来的官员和信使提供食宿，更换马匹或船只，就像是今天高速公路上的服务区，只不过当时是官方机构，且不对外开放。明朝建立后，朱元璋在陕西设置了一百处驿站，在主要交通线上每六十里设驿站，每十里设递铺，驿卒就有四万多人。这些驿站或递铺有些是根据路程的远近和方位来命名的，当时西安城东西南北各有递铺，因为离城中心有十里地，所以叫作十里铺。明朝崇祯年间，国库亏空，内忧外患，崇祯皇帝索性裁撤了各地的驿站，陕北米脂的驿卒李自成因而下岗，几经辗转，李自成发动农民起义，带领起义军杀进北京，逼着崇祯皇帝自杀，他可能是史上最强悍的驿卒了吧。

清朝末年，太平天国的一支军队向北作战，他们与捻军合兵一处，由河南入陕围攻西安，在浐河西岸十里铺打败了陕西巡抚刘蓉的湘军，杀敌一万余人。1936年12月9日，西安各学校学生举行游行示威，希望国民政府积极抗日，一名学生被警察开枪打伤，游行队伍群情激奋，向临潼蒋介石的住所行进。蒋介石下令武力镇压学生，张学良亲自赶到十里铺，流着眼泪劝阻学生，以避免流血牺牲，并保证一周内给学生满意的答复。此后不久便爆发了“西安事变”，张学良和杨虎城一同扣押了蒋介石，逼蒋抗日。

历史的变迁像极了人生的旅途，有太多风景来不及回顾，这些风景像一个个驿站，浅浅地记录在史书里。历史有时候也会驻足，看看唐宋年间走过的路，想想明清时驿卒匆忙的脚步，古老的信息体系已经结束，新起的物流仍在传输，曾经在这里发出的抗日宣言，留在了故事的最深处，也留在了西安的十里铺。

贡院门

陕西诞生过几个文状元？

西周时期，周天子常常在国都镐京王宫里宴请大臣，酒席上群臣和嘉宾或以诗歌咏叹，或以琴瑟相邀，天子与下臣，宾客与主人之间和谐融洽。每当宴会结束时，周天子都会带着大家唱一首类似于《难忘今宵》的歌，叫作《鹿鸣》，这首歌后来被选入《诗经·小雅》，东汉末年，曹操在写《短歌行》的时候，直接引用了《鹿鸣》里的句子“呦呦鹿鸣，食野之苹。我有嘉宾，鼓瑟吹笙”。

《鹿鸣》后来由宫廷流传到民间。明清时期，科举乡试放榜，此时正值桂花飘香，所以叫作“桂榜”，中举的人称之为“举人”，第一名叫解元，当地的巡抚会把举人聚在一起，举行一场“鹿鸣宴”，和西周的宴会一样，大家一起唱《鹿鸣》。

今西安市莲湖区内，南起西大街，北至西举院巷的地方称作“贡院门”。明朝代宗年间，在今东西举院巷一带修建了陕西贡院，因这里位于贡院门正前门而得名为贡院门街。科举制起源于隋唐时期，是古代通过考试进行的人才选拔形式。 明清两朝，科举分为童试、院试、乡试、会试和殿试五个等级，童试是在地方县和府一级的考试，考过了以后参加院试；考中院试的人就叫“秀才”，这些秀才有资格每三年去省城参加乡试；乡试考中的人会在第二年去往京城，参加礼部的会试，会试一般限额录取二三百人；会试录取的考生叫作进士，进入最后的关卡殿试，殿试由内阁大臣拟定多个题目，皇帝亲自选择题目，考生上殿，皇帝亲自监考，殿试录取前三名分别为状元、榜眼、探花，其他进士都可以获得做官的机会。陕西历史上曾有唐朝书法家柳公权（铜川人）、北宋鄠邑区杨砺、明朝武功县的康海、高陵的吕柟（nán）以及清朝韩城的王杰等人一路过关斩将，夺得文状元。

陕西贡院三年举行一次乡试，除了陕西本土学子外，甘肃、青海、宁夏的学生也统一在此考试，乡试报名人数在五千至一万之间，录取者不到一百人。中举的文武学子除了赴宴唱《鹿鸣》之外，还要效仿先贤去大雁塔和小雁塔刻上自己的名字，所以有了“文题大雁塔，武题小雁塔”的传统。1905年，科举考试被废，陕西贡院因此失去了它的功能，随着时间的推移，贡院这里变成学堂、公园、工厂、民居。

古老的贡院，严苛的考场，青葱少年和花甲老者拾级而上，贡院两旁的石坊上分别题有“明经取才”和“为国求贤”的字样，那是一千年来所有学子骨子里的欲望，也是无数帝王招贤纳士的理想，这些故事记录了贡院门的小巷，也记录了封建社会的千年兴亡。

五味什字

给慈禧太后看病的人

电视剧《大宅门》中，有这样一段情节：1900年，八国联军侵华，慈禧太后逃到西安避难。北京最有名的药铺白氏一门也举家逃到西安，西安名医沈树人收留了他们，刚到西安的慈禧太后偏头疼严重，聘请名医沈树人为其治病，沈树人拿着白氏祖传的“八宝丹”，治好了慈禧太后的病，获得嘉奖。

影视作品中的这个桥段并非空穴来风，为慈禧太后治病并妙手回春的沈树人，原型其实是西安五味什字“藻露堂”的掌柜宋羽彬。当时要给老佛爷看病并非儿戏，弄不好会满门抄斩，宋羽彬甚至不敢暴露自己的身份，直到慈禧太后痊愈，龙颜大悦，才敢表明身份。慈禧太后重赏了宋羽彬。

今西安市碑林区，连接四府街和南广济街，长290米的道路叫作“五味什字”，唐朝这里属于太极宫的宗正寺，宗正寺是管理皇族事务的机构。明清时期，这里汇聚了很多中药门店，像藻露堂、树仁堂、万年堂等，这条街的名字是根据中药的甘、辛、酸、苦、咸五味而得名。但问题又来了，“什字”是什么意思？为什么不叫“五味十字”而是“五味什字”？其实“十字”表示具体交叉的路口，“什字”表示通向十字路口的一段道路，五味什字明显是一段道路，故用“什字”，类似这样的地名，西安还有夏家什字、柴家什字等。

五味什字在明朝初期，曾是一处荒凉的地方，后来随着广济街的兴起，逐渐变成药材集中地。明世宗年间，从湖北荆州来了一位名叫宋林元的药农，经过长时间的经营，在五味什字形成了赫赫有名的“藻露堂”品牌，他们和其他药店一起悬壶济世，治病救人，除此之外，很多药贩挑着担子，在这条路上一字排开，售卖着各类中药材，也算繁华。明清时期，当时西安城的各类瘟疫，大多倚仗这里的药材得到控制与治疗。

1927年，为组织农民反抗压迫，五味什字建立了中共陕西省农民协会支部；1933年，由国民党宣传部主办的《西京日报》在五味什字创刊，新中国成立后，由解放军军管会接管；1939年，五味什字还成立了一所驻陕军需局，该局主管陕甘豫的军需后勤补给，同时，还要为国民党胡宗南军事集团提供武器、弹药、装备、棉纱等物品。

如今的五味什字没有了隋唐皇家机构，繁华的药材市场也退出了历史舞台。其实历史和生活一样，就是一场来不及安排的盛宴，酸甜苦辣咸五味齐全，喜怒哀乐悲一样不少。历史或许有轰轰烈烈的剧情，有斗转星移的变幻，但最终都要归于平凡，凝聚于五味什字的街道，回归柴米油盐的五味生活，咀嚼酸甜苦辣咸的五味人生。

北院门

晚清王朝的政治中心

1900年，八国联军侵华，慈禧太后和光绪皇帝逃到西安避难，陕西军政官员临时将南院门的衙署整理出来，供太后和皇帝居住。没住几天，慈禧太后觉得南院门阴气太重，条件简陋，移驾至北院门。此后一段时间，各省的进贡都要呈至此处，全国的奏章也要在这里处理，北院门成了当时清政府的政治中心。

北院门，南起西大街，北到西华门大街，长560米。一千多年前的隋唐时期，这里属于太极宫皇城尚书省所在地，是当时王朝的最高行政机构，隋朝宰相高颎、杨素，唐太宗李世民做尚书令的时候，都在这里办公。唐朝之后，这里逐渐变成民居。1380年，明朝政府修建鼓楼，就形成了一条街道。北院门的名字起源于清朝，清朝初年，陕甘总督（总管陕西、甘肃和伊犁三省的军政官员）府院设置在今天西安鼓楼的南边，称之为“南院”，陕西巡抚（陕西最高行政官员）府院在鼓楼的北边（今西华门大街之北），称之为“北院”。

北院门流传着一句非常有名的话：“高家的墙，马家的房，米家的金子拿斗量”。“高家的墙”指的是北院门144号“高家大院”，当时高家是当地的名门望族，清朝同治年间的科举榜眼高岳崧就来自于这个家族，他的儿子高彝后来也得中举人，在甘肃任知县。高家的墙据说是风火墙，有七米高，用糯米汁搅拌石灰、黏土、细砂砌成，坚固异常。“马家的房”是指清朝咸丰年间马百龄的家，马百龄既做官又经商，房屋很多，富丽堂皇。民国时期，马家又出了一位叫马平甫的人，抗战爆发时，陕西回族第一家引进洋机器的工厂就是他开办的，新中国成立之后，马平甫还担任全国人大代表、省民委副主任等职。“米家的金子拿斗量”指的是米小亮家，相传是以经营古董生意发家致富的，商号很多。

1992年，经过西安市莲湖区政府的改造，北院门恢复了明清时期的样貌，老百姓如今称北院门为“回民街”，官方的名字叫作“北院门回坊文化风情街”。陕西特色美食小吃在这条街上一一展示，来自世界各地的游客也都会在这里停留。

唐朝的官署、清朝的府院，都是史书中冰冷的文字，太后的行宫、远去的名流，都变成了北院门的日月晨昏。纵然你走过三山五岳，历尽山川大河，仍旧觉得岁月蹉跎，人生的起起落落又何曾离开过小炒泡馍、烤肉烟火，还有这条街道上古老的传说。

习武园

康熙皇帝检阅兵马的地方

唐朝出现了“武举”考试，考试内容为军事技术和军事谋略，为国家选拔优秀的人才，武举和文人科举一样，明清时期制度完备，分为童试、乡试、会试和殿试。今西安市莲湖区东起西北三路，西到联盟巷的地方叫作习武园，便是明清武举乡试的地方。历史上一共进行过五百多次武举考试，陕西地区仅有两位状元，其中一位赫赫有名，另一位寂寂无闻。

唐朝武则天时期，陕西渭南人郭子仪以绝对的实力成为历史上最有名的武状元，他历经七朝，戎马一生，战功卓著，平定安史之乱，乃中兴名将，唐肃宗封他为“代国公”，唐代宗封他为“汾阳郡王”，唐德宗尊他为“尚父”，他的成就超过了历史上所有的武状元。1505年，陕西绥德人安国在西安考中武举，并在三年后赴北京参加会试，获得武状元。本来他应有大好前程，因未曾向宦官刘瑾行贿，被安排到边防，后来回到家乡绥德，抗击蒙古的进犯，屡立战功。此外，清朝顺治年间，西安人梁化凤也在习武园这里考中武进士，后来在战场上还打败过郑成功。

唐朝时期，学子考中进士后，可到大慈恩寺大雁塔进行“雁塔题名”，成为后世的一段佳话。明清时期，陕西乡试考中的武举人，效法古人，在荐福寺小雁塔题名，至今荐福寺还保存着武举人的雁塔题名碑。

清朝的习武园，是一大块方形的地方，这里除了进行武举考试外，平时是陕西巡抚检阅绿营兵的地方，也被称为北校场。清朝的军队编制和其他朝代不一样，以满洲八旗为主，后来统一全国后，又增设了汉人八旗、蒙古八旗，此外，在常年征战中，朝廷在习武园收编各类明朝军队和汉人武装，组成了一支绿营兵。1703年，清圣祖康熙皇帝在冬天决定前往陕西、河南、山西考察吏治，检阅各地驻军，到达西安后，康熙皇帝专程到习武园，检阅了绿营兵，其军容、实力均获得皇帝的赞赏。

清朝光绪年间，武举制度被废除，习武园也失去了它的功能，逐渐被废弃，后来这里开始有人居住，原来检阅绿营兵校场北边的一条道路被命名为“习武园”，道路北边的城门也因此被命名为“尚武门”。

如今“习武园”只是一条供人通行的小巷，在此走过的也不过是寻常的邻家凡人，没有武举显赫的功名，没有帝王亲临的荣誉，历史和现实早已分道扬镳，不知道什么时候又会相逢话旧。可是那些故事真切地发生过，近在咫尺，每个人只要轻轻翻阅史料，那些故事就像一位故人等待在“尚武门”的门洞中，等待在“习武园”的路牌下，然后细数别后的风尘。

今西安市昆明池、元朔路、建元路等地名
均来源于汉武帝

今西安市贞观路、等驾坡、神鹿坊等地名
均和唐太宗有关

今西安市后所寨、早慈巷、大明宫等地名
都有女皇的故事

今西安市凤栖原、香积寺、北山门等地名
都与这位名将有关

神话传说

The Chang'an story

龙首原

这里真有神龙现身吗？

北魏郦道元的大作《水经注》卷十九里记载：相传秦朝的时候，有条黑龙从终南山腾空而起，向北到达渭水河边，低头饮水，这条黑龙后来化为一座山，后人称这里为“龙首山”。西安地名中，喜欢把地势较高的地方称之为“原”，故有“龙首原”。

龙首原在今西安市未央区、莲湖区和新城区三区交界处，为汉长安城和唐长安城的分界线，龙首原的西北边为汉长安城，南边为唐长安城。龙首原的真正成因是由于秦岭的造山运动，加上渭水不断地移动与冲刷，西安北边才形成这一块高地。汉朝的时候，龙首山最高达42米，最低也有12米。有人说，整个西安城南北可看成一条巨龙，龙尾在秦岭，龙头就在龙首原。明朝初期西安经常地震，便修建钟楼压住龙身，后来一片安宁。隋唐时期的长安城按照《易经·六爻》来修建，隋朝著名的设计师宇文恺发现长安城南北走向有六道高坡，和《易经·六爻》正好应对，从北向南，龙首原在第一道高坡，为“潜龙腾渊”，意思是这条龙尚潜伏在深渊，藏住锋芒，等待时机，不轻举妄动。隋唐统治者当然知道这层含义，故把龙首原一带列为皇家禁苑，皇宫则定在太极宫（今西安市莲湖区回民街一带）。后来李世民为太上皇李渊修建安享晚年的永安宫就选在龙首原，寓意也很明显：李世民夺位上台，李渊只能收起锋芒，退居龙首原。等到唐高宗李治及后来的武则天上台后，此时的大唐经历了李世民的“贞观之治”和李治初期的“永徽之治”后，国力强盛，潜龙已经变成巨龙，故在龙首原上修建大明宫，彰显“万国衣冠拜冕旒”。

龙首原在汉代有一条龙首渠，风水学上说，这是龙头流出的唾液。唐高宗修建大明宫的时候，在大明宫东南边，引龙首渠的水进入龙首池，意味着真龙天子生生不息，代代相传。唐文宗时，因他酷爱打马球，竟然把龙首池填平，修建了一座马球场，不料当年就发生了“甘露之变”（详见《长安处处有故事·成语典故》中的“甘露之变”），唐文宗被囚禁，宦官掌握政权，民间传言，这是唐文宗乱动风水的结果。

元末明初，朱元璋手下大将徐达就是从龙首原这里进攻西安，元朝守将率军阻击，明军势如破竹，攻入城内，后来这里形成村子，取名龙首村。时间匆匆过去数百年，关于神龙的传说仍在此地被讲述，而关于历史的故事仅有遗址保存。人说蛟龙四海潜游，听风于海，听云从行，或是一鸣惊人定了半世乾坤，或是故事太过惊艳触动了写书的人，只留得大明宫内草木深深，龙首原上细雨纷纷。

龙出秦岭

凤鸣栖原

凤栖原

真有凤凰在这里栖息吗？

秦朝年间，长安城南边有一处高地。冬天大雪漫天，一位樵夫见高地上有几只大雁趴在雪上，身体已经僵硬。待樵夫回家放下柴火，回到原地时，发现大雁已经不知去向，樵夫感到诧异，回到家中，将此事说与乡亲，众人皆认为这是祥瑞，后来以“鸿雁来栖，固而不死”将高地取名为“鸿固原”。

汉武帝年间，发生了巫蛊之祸，太子刘据被诬陷谋反自杀，刘据之孙刘病已尚在襁褓之中，被捕下狱，后遇大赦，在鸿固原祖母家抚养。当时，西汉的两任皇帝刘弗陵因病早逝，刘贺无德被废，刘病已以汉武帝曾孙的身份继承大统，成为中兴大汉的汉宣帝。因为刘病已从小在长安城南长大，故把陵墓选在杜县，后称“杜陵原”，而其皇后许平君之陵墓选在杜陵原之西，比之略小，故称“少陵原”，少陵原便是之前的鸿固原。一次，汉宣帝出巡，看到有十一只凤凰落于鸿固原上，当时被认为是美好的寓意，故改名为“凤栖原”（一说凤栖原是少陵原的一部分）。

凤栖原自西北向东南坡度逐渐升高。汉唐时期，立于此原，长安城尽收眼底，潏河在不远处流淌，唐朝从南边引水入曲江，经过凤栖原，清明渠、永安渠穿行其间，樊川之地，尽是池沼，凤栖原周围颇有江南水乡的感觉。唐朝名将郭子仪曾在此修建别墅，唐穆宗也常常光顾凤栖原，设宴饮酒，尽兴而归。唐朝诗人杜甫、罗隐、孟郊等人均到这里游玩过，还有诗句流传。因为此地风水极好，所以不少历史名人选择这里作为安葬之地，凤栖原的墓葬主要分为西周、西汉、隋唐、明朝四个时期。唐太宗朝历史学家颜师古，唐玄宗的妹妹玉真公主，盛唐名臣和书法家颜真卿，颜真卿的堂兄颜杲卿，晚唐著名诗人杜牧均埋葬于此。

2011年，考古队员清理发掘了凤栖原郭子仪的家墓。郭子仪平定安史之乱，对唐王朝有再造之功，被封为汾阳郡王，死后陪葬唐肃宗建陵，其子孙后代均选择凤栖原为家墓，家墓中有隋朝名将郭荣、郭子仪的夫人王氏、郭子仪的弟弟郭幼贤，还包括醉打金枝的郭暖及升平公主夫妻合葬墓，郭氏墓群占地一千多亩，彰显出他们一族生前的荣耀。

凤为百鸟之王，出于东方君子之国，翱翔四海之外，预示着吉祥，也象征着盛世。今天西安地铁二号线凤栖原站的文化墙上，仍以“鸣凤栖原”的故事来表现汉宣帝年间出现的传说。汉唐时期的原上，烟波渺渺秋意凉，惹得文人洒尽墨香，而后雁向南，凤朝阳，又携书剑路茫茫，梦里所见的地方，尽是故乡的朝阳。

孟村镇

女娲补天的地方？

上古时期，战神蚩尤带着八十一个铜头铁臂的兄弟，拿着当时最先进的武器与黄帝作战，两军杀得天昏地暗，最终在天神的帮助下，黄帝获胜，而这场战争的发生地，传说就在今西安市蓝田县孟村镇南边的“尤风岭”（一说在河北省涿鹿县）。

传说，比黄帝更早的时期，水神共工与火神祝融交战，共工用头去撞撑天的支柱不周山，导致天塌地陷，大火蔓延，洪水泛滥。女神女娲使用蓝田的玉石练了九九八十一天，成为五彩石后开始补天，天补好后，洪水归道，大火熄灭，女娲成了保佑天下的正神。不仅如此，女娲还仿照自己造了男人和女人，让他们延续后代，因此女娲也被称作人类之母。蓝田县孟村镇的李华村，曾经发现过石器时代的遗址，在古代这里叫作“女娲堡”或“女娲村”，相传是女娲补天的地方，村中曾经还有“女娲墓”和“补天台”。

孟村镇地处白鹿原，古称“长寿山”，居高临下，面前是灞河，自古就是王朝都城长安的天然屏障，历来为兵家必争之地。汉景帝大将周亚夫、唐高祖李渊的第四个女婿段纶、农民起义领袖黄巢都曾屯兵于此。也因为山河俱有，唐高祖李渊还在这里修筑了一座“神尧山庄”。公元354年，东晋北伐前秦，双方在蓝田大战，前秦军队被东晋大将桓温打败。桓温的弟弟桓冲也在白鹿原打败前秦苻雄，关键时刻苻雄率领七千人在子午谷奇袭东晋军队，东晋军战败，退守到孟村镇的李华村。

唐朝年间，孟村镇有一座太平寺，武则天在唐高宗死后便有了称帝之心，她的女儿太平公主和蓝田太平寺的住持法明和尚在寺庙中的一块石头上刻上“女皇登基”的字样，谎报这是出土的祥瑞。法明和尚还和武则天的“面首”薛怀义伪造佛经，用佛经中的偈语来暗示武则天做皇帝的合法性，受到武则天的嘉奖。

1634年，李自成的起义军到达蓝田，出身于蓝田县孟村镇大王村的刘宗敏选择投靠闯王，从此之后，刘宗敏作战勇猛，屡立战功，跟着李自成攻下洛阳、襄阳，并在1644年攻下北京。明朝灭亡李自成封刘宗敏为汝侯，节制文官，但是后来起义军在清军和吴三桂的军队合力夹击下失败，刘宗敏在撤退时被俘，后被清军杀害。

蓝田的自然风光如同手绣的一幅山水画，山水却留不住历史这位过客的鞍马。如今长安道、蓝关雪，上古神话又翻过了一页，王朝厮杀已然湮灭，是蓝田玉石化作的青烟，还是庄周梦中翩翩的蝴蝶？灞河中倒映的明月，那是世间的阴晴圆缺；长寿山中拂过的长夜，那是时光的不辞而别。

太乙路

各个版本哪吒的师父

哪吒这个神话人物可以说是家喻户晓，其大闹东海、助周伐纣的故事老少皆知。每次犯了大错，总有一个人在背后默默支持他、帮助他，此人便是乾元山金光洞的太乙真人。相传太乙真人是元始天尊的弟子，和姜子牙师出同门，他也是民间知名度很高的神仙，不仅很多神话故事、文学作品中有提及，甚至在网络游戏中也有他的一席之地。

今西安市东南城角延伸的道路叫作太乙路，长2040米，其南端太乙立交是各路车辆必争之地，早晚高峰常常寸步难行。这条路开通于1956年，因道路正对着古代太乙山（终南山）而得名。“太乙”二字历史上有多种解释，三千六百多年前，商朝的建立者商汤的号就叫“太乙”；太乙还表示中国古代的一个星官；春秋战国时期，南方楚国最高的神叫作“东皇太一”，“太一”就是“太乙”，表示至高无上，东皇太一是楚文化的图腾，坐骑是一只九头凤凰。今天出西安城南驱车半小时左右，便可到太乙宫高速收费站，这里位于终南山下，传说太乙真人在此修炼过，故得此名。修建太乙宫的人是汉武帝，关于历史上太乙宫的具体位置，历来考证者繁多，史料记载离长安往南五十里（一说八十里）的太乙谷附近，又一说为今天的大峪口。公元前109年，汉武帝外出巡视一番，回长安后到太乙宫祭奠太一神。太一神是汉朝最高祭祀的正神，他的原型很可能是楚国的“东皇太一”（有争议），在道家学说中，太一就是道。

汉朝之后，太一神逐渐被取代，同时后世衍生出另外两路神仙，一个是太乙救苦天尊（又称青华大帝），在道教中具有崇高地位，管理冥界，救苦救难，《西游记》中，他的坐骑就是九灵元圣（又称九头狮子），是全书中唯一敢称圣的妖怪，无须任何法宝，只一个照面就能擒住孙悟空；另一路神仙是太乙真人，他的故事出现在《封神演义》《济公传》等神话故事中，和哪吒紧密相连，又帮助武王伐纣，百姓喜欢他的原因，是因为这位神仙没有架子，他帮着徒弟去闯祸，完了收拾残局，鼓动徒弟大义灭亲，挣脱束缚，还送了一堆法宝让徒弟开挂似的尽情表演。

虽然我们已经无法目睹汉王朝恢宏的太乙宫，但太乙路的历史就像银河散落的孤星，刚好落在我们的眼前。天空用月色作饵，想垂钓起消失的“太一”传说，恍如隔世的我们犹如任意飘荡的孤舟，不知水中是天河，还是苍穹为清波，天地浩瀚，神化几何，你我都想握住仙界辽阔，赠时光满目星河。

翠华路

独立女性成仙记

汉代才子司马相如，曾写过一篇《上林赋》，赋中详细描写了汉代上林苑的景象，其山川河流之壮阔，各类建筑景物之奢华，均在当时首屈一指。《上林赋》中有一句话为“撞千石之钟，立万石之虡，建翠华之旗”，意思是皇帝在上林苑立起千石重的钟，架起万石重的鼓架，树起五彩的翠旗。这是“翠华”这个词第一次出现，意思是天子仪仗中以翠羽为饰的旗帜或车盖。

今西安市雁塔区，北至南二环东段，南到南三环，有一条长4200米，宽30米的街道叫作翠华路。“翠华”二字除了代表天子的旗帜外，第二种解释是古代皇帝乘坐的御车或者帝王的代称，唐代小说家陈鸿的《长恨歌传》中，讲到安禄山的叛军反唐时，用到了“潼关不守，翠华南幸”。这里的“翠华”就表示皇帝唐玄宗。1957年，拓建这条路的时候，因正对着南边的翠华山，命名该路为“翠华路”。那么翠华山这个名字又是从何而来呢？

相传很久之前，陕西泾阳有个叫金翠花的女孩，父母双亡，翠花生得落落大方，温柔贤惠，和同村姓潘的男子两情相悦，但是金翠花的兄嫂贪图荣华，竟然将其许配给当地的富豪为妾，金翠花誓死不从，被其哥哥禁锢家中，日夜纺线。某天夜晚，金翠花逃出家门，来到潘姓男子家外，把一条丝线绑在树上，一路直奔太乙山，想着情郎能通过这条丝线找到自己，然后私奔。翠花的哥哥察觉到妹妹出逃，就四处打听，最终得知妹妹去了太乙山，便上山寻找，找到时翠花身着白衣，头戴鲜花，坐在一块石头上，双目紧闭。其兄正要上前抓她，不料突然地动山摇，出现诸多仙女，仙女们环绕着金翠花，徐徐升上天去。后人为了纪念这位追求爱情的女子，将太乙山改名为“翠华山”，山中的翠花宫中，还有金翠花的汉白玉雕像，每年农历六月初一，很多青年男女来此上香，祈求自己获得美满的姻缘。翠华山从秦朝起就成了皇帝经常光顾的地方，秦始皇曾在此狩猎，汉朝修建上林苑，汉武帝还在翠华山设立祭天的道场，唐太宗李世民也曾把这里当作行宫。

今天的翠华路仍然在翠华山的正北边，只是山的宏伟和街道的拥挤形成对比，这里既有新型的创业单位，也有历史博物馆展览中华历史，下午放学的孩子又好像预示着新的历史正在谱写。那个关于翠华山女孩的传说，穿越季节，掠过山林，铺在翠华路与翠华山之间。那是长安城的一本情诗，黄昏开始书写，黎明是无数的书页，在翠华山羽化成仙的那一刻，就是情诗的最后一节。

赵代村

财神爷赵公明的故里

小说《封神演义》中，截教高手赵公明法力高强，受商朝闻太师的邀请，助商灭周，战绩辉煌，曾连续打伤西周多位大将，后因天数难逃，赵公明被诅咒致死，封为金龙如意正乙龙虎玄坛真君，部下四位正神分别是招宝天尊、纳珍天尊、招财使者、利市仙官，统管人间财务。

今西安市周至县赵代村，村名起源于两千多年前，光武帝刘秀讨伐篡汉的王莽，当军队路过此地的时候，刘秀的玉带不慎掉在这里，后人便称村子为“掉带村”，东汉末年，因为姓氏改为“赵大村”，后演变为赵代村，这里是财神爷赵公明的故里。

民间传说赵公明出生于秦朝，家境贫寒，凭借着出众的经商天赋而致富，且为人重情仗义，乐善好施，受到百姓的尊崇，后逐渐被神话。文献记载中，赵公明最早出现在东晋干宝的《搜神记》中，他是专门勾取人魂魄的阴司。元朝《三教搜神大全》中，确定赵公明是周至终南山人，长年修道，并拜张道陵天师为师，担任冥界八部鬼帅之一，主要工作是给人间带去瘟疫。到了明朝，随着社会体系的转变，越来越多的商人和资本主义萌芽，他们需要一位保佑他们致富的正神，加上小说《封神演义》的火热和其他戏曲的传播，赵公明的形象转变为人间的财神，并延续至今。

关于赵公明的起源学术界尚有争议，山东琅琊地区也有赵公明的传说，西安市周至县的赵代村在每年农历三月十五，都要举办财神庙会，因为这一天是赵公明的诞辰。赵代村东边有一座古墓，相传是财神赵公明死后埋葬之地，20世纪70年代毁于“文革”时期。

如今的赵代村，在之前遗址上扩建了赵公明的财神庙，正殿写着“华夏第一正财神”，赵公明的塑像挺拔威武，身骑黑虎，手持铁鞭。三进院落还有三霄殿，供奉的是赵公明的三个妹妹，截教的云霄、琼霄、碧霄三位仙子。不仅如此，中国民间广为流传的文财神范蠡、武财神关公、东南沿海信奉的妈祖、南方信仰的黄大仙也一并供奉在这里，园区的西北角有一处赵氏宗祠，赵公明既是财神，又是赵姓的先祖，这里也成为赵氏后裔认祖归宗的地方。

人说：没有永恒的历史，只有不朽的传说。赵公明的故事来自传说，又续写着传说。如今赵代村已过千年时空，终南山依旧郁郁葱葱，我们无法目睹财神的演变，却在希冀里与他朝夕相逢。历史总是藏在一个又一个区域之中，而地名的演变又是如此匆匆，任凭世间人人传颂，一方远去的枯冢，留在了终南山的苍穹，也留在了周至县的天空。

北堡寨村

《封神演义》中闻太师葬身之地

商朝末年，闻仲太师与西岐对阵，其先头部队张桂芳与九龙岛四圣均败于敌手。闻太师率领二十万大军一路向西，一日走到一处山岭，这里地势险要，云雾弥漫，闻太师看到大石上写着地名：绝龙岭。一生南征北战，上打昏君、下打奸臣的闻太师十分惊恐，大喝一声："我命休矣！"

上文所述的绝龙岭，就是今西安市长安区王曲街道办的北堡寨村，根据《陕西省西安市地名志》记载，明朝这里新建南北二堡，此村在北，故名北堡寨。闻太师为什么看到"绝龙岭"就说自己必死呢？传说闻太师早年在金灵圣母门下学艺，精通五行变化，法术很高，金灵圣母告诫他："你这一生不能遇到'绝'字，遇上必死。"闻太师误入绝龙岭，与西岐姜子牙决战，姜子牙力挫闻太师，闻太师死于云中子使出的"通天神火柱"。这个传说故事流传了千年，到了1935年10月，张学良带着东北军来到西安，暂时驻扎在北堡寨村的绝龙岭，为了给少帅提供更好的休息和工作环境，东北军要在绝龙岭修建一座官邸，张学良听说了闻太师的故事，认为"绝龙"二字委实不吉利，便改为"青龙岭"。1936年6月，张学良和杨虎城联合在北堡寨村创立了"王曲军官训练团"，后改为"东北军官学校"，张学良任校长，并亲自上课，王以哲、黄显声为教务长。西安事变后，随着张学良的离去，学校也随之关闭。

北堡寨村南边，有一座王曲城隍庙，这座城隍庙来头不小，号称天下三大城隍庙之一，地位很高。王曲城隍庙统辖西北，修建于汉朝，供奉的是汉初大将纪信（详见《长安处处有故事·西安地理》中的“庙后街”），每年二月初八，王曲城隍庙都被各方来客围得水泄不通。1937年，国民党高级将领胡宗南占领王曲，将城隍庙拆除，建起了黄埔军校第七分校，百姓们颇为不满，民谣这样唱道：“第七分校，不务正道。白天睡觉，晚上拆庙。不要砖瓦，光要木料。百姓叫苦，怨声载道。”一直到20世纪80年代，当地百姓和政府又重修了城隍庙。

如今的王曲城隍庙已然褪去了历史的繁华，重修的三间大殿远不如曾经的辉煌；名震一时的张学良公馆，也只能在周边的荒草中度日。但北堡寨村的美好仍有很多，清晨青龙岭簇新的阳光，张学良公馆新生的泥土，城隍庙的青瓦上又滴过岁月的雨滴，村中有人续着故事的柴火，映照着少年绯红的脸颊，也泛起少女嘴角扬起的梨涡，柴火中有当前的传承，亦有逝去的历史。

门家村

赵国上卿蔺相如为何埋在秦地？

公元前283年，赵国使者蔺相如出使秦国，双方约定以赵国的和氏璧换取秦国的十五座城池，蔺相如在强大的秦国面前毫无惧怕，完璧归赵（详见《长安处处有故事·成语典故》中的“怒发冲冠”）。此后，秦国连续用兵，并在公元前269年攻打赵国，攻克蔺地、离石、祁地，赵国陷入一片恐慌。

赵国的军事实力自赵武灵王之后，开始下滑，已然不是秦国的对手，此时的赵惠文王急着和大臣商议对策，最后不得已将儿子赵郚（wú）送到秦国做人质，以缓解军事上的失利，化干戈为玉帛。赵郚深知两军恶战，秦国之行凶多吉少，迟迟不肯前往。赵惠文王让上卿蔺相如一同前去，照料太子赵郚，并遇事随机应变，蔺相如规劝太子说：“关中乃英雄之地，且临潼骊山是天下绝胜，值得一去。”赵郚在蔺相如的游说下，前往秦国，不料赵郚到了秦国后，突然得了急症，不治身亡。赵郚的尸体埋在临潼区骊山下，名为“赵太子墓”，当地的老百姓称之为“龙骨堆”，今天临潼还有这个村子。而蔺相如因为没有保护好赵惠文王的儿子，受到责罚，被赵惠文王处以极刑，砍头挖心，蔺相如死后，被家人埋在临潼区代王街道办门家村。蔺相如的家人受到牵连，被赵王通缉，为了保命，他们逃至秦国改头换面，把姓氏“蔺”去头挖心，改姓“门”，此后他们世代居住于此，就有了今天的门家村。根据清朝康熙《临潼县志》记载，蔺相如的墓就在门家村，高十五米，外观为方形，清朝陕西巡抚毕沅曾到此为其树碑，今天还能找到这座大墓。

门家村以门姓命名村名不假，但是否来源于蔺相如有待考证。今河北省邯郸市、保定市，山西省晋城市都有蔺相如的陵墓，其时间更早。蔺相如为战国时期杰出的政治家，其完璧归赵不辱使命，渑池之会力挫秦王，对廉颇的负荆请罪又晓之以理，都是历史上鼎鼎有名的故事，其死后所归之处，自然会出现很多和他生前有关的地域争抢，直到今天，临潼区仍然会有门家人每年清明为其扫墓，足见蔺相如之影响力。

蔺相如的故事仍在多地传说，也让后来的学者不断去探索。那个战国历史上的风云人物静静躺在西安市临潼区门家村，这里没有售票口，没有卖纪念品的商贩，没有导游带队口若悬河地讲他的故事，甚至大多数西安人都不知道它的存在。它只是散落在田野里，与春草秋叶为伴，与山川大地同行，而岁月也只好停留在这里，眷恋着这位赵国的上卿不肯离去。

高陵

秦国龙脉之地

秦末的芒砀山，一位叫刘邦的沛县亭长押送一批农民去骊山修秦始皇陵，一路上不断有人出逃，刘邦索性放了剩下的农民。这些农民中有十多个依然跟随刘邦，前去探路的人回复，芒砀山中有一条大蛇挡路。刘邦前去，斩白蛇而还，当时有人说这条白蛇是白帝（中国古代神话中的西方天神）转世，被赤帝之子斩杀。后来刘邦做皇帝后，西安城北泾河与渭河交汇处，常年河水泛滥，刘邦命人将当年斩杀的白蛇安葬于此，这里逐渐形成一道很宽的土台，泾、渭两河泛滥得以阻隔。这是“高陵”名字的一个传说故事。

西安市北部的高陵区，位于关中平原腹地，早在公元前350年秦孝公时期，就以县级行政单位出现。“高陵”这个名字出自于《尔雅》（中国第一部词典），“大阜（fù）曰陵”，意思是高大的土山叫作“陵”，并非我们认知的陵墓。

公元前315年，周赧王继位，当时的东周已近末路，天下分裂为七个诸侯国，互相征伐，史称“战国七雄”。周天子所辖区域仅有几个县城，人口不多。当时的秦国国力强盛，不断向东扩张，地位已经取代周天子，其他国家纷纷结盟抗秦。周赧王也需要在战争中刷一刷存在感，于是他自发组织军队，号召六国联军伐秦，但是周赧王没有粮饷，不得已向自己所辖地的富豪借钱，还打了借据，答应胜利后归还。可惜事与愿违，周赧王的军队还没碰上秦军，就落荒而逃。当地的富豪便日日去王宫让周赧王还钱，周赧王不堪其扰，假借自己出差，带着一行人跑到西安城北泾河与渭河的交汇处。因为传说高陵是秦国的龙脉，断其龙脉，秦国可灭。可怜的周赧王身先士卒，带人挖了许久，以为得计，不曾想此举惹怒了秦国，秦国发兵洛阳，延续了八百年的周王朝被灭。周赧王挖龙脉的地方，后人称作“赧王寨”，这个名字一直流传至今。今天高陵区的“西营村”“东营村”，就是根据这个传说得来的。

另一种说法，秦灭东周后，把周赧王囚禁在高陵区，故有了“赧王寨”。高陵从古至今，一直是“县”级单位，三国时期，因此地与曹操陵墓同名，故改名为“高陆”，隋朝又重新启用高陵，一直沿用。2014年年底，国务院同意撤销高陵县，设立西安市高陵区。

作为中国最早的县之一，高陵区又迎来了新的征程，矗立的昭慧塔，山川河流尽在眼底，这里流传着周赧王最后的挣扎，铭刻了汉高祖最初的年华。原本以为青山不老，但秋之枯木、冬之暮雪告诉我们，万物皆可老去，往昔亦不可追，只有两条蜿蜒的河流，涟漪四起，泾渭分明，流淌千年而岁月不休，韶华依旧。

古观音禅寺

为什么这里的银杏树能生长千年？

2016年，终南山古观音禅寺银杏树的照片刷爆了网络。寺院内银杏叶纷落满地，像是画师尽情挥洒的金灿灿颜料。这棵银杏树有千年历史，相传是得到树下观音泉水的滋养。观音泉水清澈香甜，无论是天降骤雨还是地生干旱，水位不落不涨，长年不断，被誉为“观音神泉”。方圆百里的居民常来此取水，被誉为琼浆玉露。

古观音禅寺位于西安市长安区罗汉洞村，修建于唐朝贞观二年（628年）。关于这座禅寺，有一段非常神奇的传说。唐朝初年，泾河龙王和算命先生袁守诚打赌降雨之事（详见《长安处处有故事·西安地理》中的“丈八路”），泾河龙王私自篡改玉帝圣旨，赢了打赌，却触犯了天条，按律当斩，由天庭人曹官魏徵监斩。魏徵在人间是唐太宗的大臣，因此泾河龙王找到太宗皇帝，请求保全性命。唐太宗此时正在终南山打猎，兴致极高，便答应龙王所托。太宗皇帝打猎完毕，见终南山下农户富足，安居乐业，十分欣慰，和众大臣就此用膳。席间唐太宗和魏徵觥筹交错，饭后又拉着魏徵下棋，魏徵脱不开身，无法去执法。后酒劲发作，沉沉睡去，在梦中去到天庭，把泾河龙王正法，龙身被斩作十八段，落在终南山观音神泉的东边、西边各九段。泾河龙王死后，阴魂不散，常常托梦于唐太宗。太宗皇帝不堪其扰，这时有人提议用佛法化解，太宗同意。

命人在龙身掉落的观音神泉旁修建了一座观音禅寺，再让十八人出家为僧，意味着佛家十八罗汉，用佛法化解泾河龙王的戾气，罗汉洞村由此得名。唐太宗亲自在观音禅寺手植银杏树，银杏树一柄二叶的形态象征着对错、生死、阴阳的对立，却又一体共生表示万物和谐。

古观音禅寺自唐建成后，一直保存完好，“文革”时被严重毁坏。1998年，隆兴法师四处奔告，筹集资金，又得到政府批准，重修古观音禅寺。此后又经过几次复修，才形成今天寺庙的形态。那棵栽在红尘的银杏树，春秋轮回，寒来暑往，遗世而不避世，独立而不孤芳。

所谓一叶知秋，不过是随着年岁的增长又添一段新愁。独坐终南山，将万里浮云一眼看够；所谓情深不寿，但谁又能参得通透?厚重的禅门中几人远去几人留，端坐的菩萨清风两袖。古观音禅寺目睹着大唐至今一千四百多个年头，寺庙钟鼓声响起在每一天的黑夜与白昼，古老的传说留存在每一个尘缘的路口，然后径直远走，就像缓缓流逝的沙漏，消磨着空灵而苍老的宇宙。

牛头禅寺

慈禧太后唯一指定用水

1900年，慈禧太后为躲避八国联军入侵，逃至西安，被安排在北院门居住，手下沏好茶让老佛爷享用，没想到慈禧太后品尝后大怒，认为水质太差，手下赶紧四处寻求甘泉。有人推荐长安城南牛头禅寺的井水，慈禧太后品尝后颇为满意，此后她的饮用水都从牛头禅寺调取。

今西安市长安区樊川路东边的牛头禅寺，一说修建于唐太宗贞观六年（632年），另一说修建于唐德宗年间。寺的名字很是奇特，相传该寺的第一任祖师遍照大师受邀到了净业寺，净业寺道宣律师以礼相待。到了午时，道宣去厨房准备斋饭，但是柴火潮湿，斋饭迟迟做不好。遍照腹中饥饿，便将随行所牵的牛当场斩杀，就着生牛肉吃了起来，吃完后把牛头放在桌上，留给道宣。道宣满脸错愕，佛门之中，岂可杀生吃荤腥？忙念："阿弥陀佛。"遍照根本不理会他，吃完用手抹去嘴角的血丝，转身离去。道宣实在不明所以，一路追赶，到达沣峪口的时候，遍照褪去衣服，走进河中，破腹洗肠，以示胸中坦荡。道宣大悟，佛的最高境界并非清规戒律，而是心中无愧。因为这个传说故事，遍照大师所在的寺院被称为牛头寺。牛头寺的来历还有另一种说法，因为寺庙位于少陵原的半坡上，远远望去，少陵原好像一头侧卧的巨牛，引颈向天，寺庙正好坐落在牛头处，故名“牛头寺”。

牛头寺是唐朝樊川八大寺庙之一，坐北朝南，地势高阔，可远望秦岭，亦可俯瞰樊川，景色宜人。女皇武则天曾来此游玩，晚唐诗人司空图称赞牛头寺为“终南最佳处”。宋太宗年间，牛头寺改名为“福昌寺”，宋哲宗年间又恢复原名。明朝洪武年间，寺院受到明藩王朱樉的青睐，多次修葺。嘉靖年间，为了纪念“诗圣”杜甫，曾在寺庙内修建有“杜工部祠”。清光绪年间，东霞禅师增修山门、佛殿。除了寺庙历史悠久以外，牛头寺的九龙潭水，水质甘甜，千百年取之不竭，远近闻名，这才有慈禧太后指定用水的故事。新中国成立之后，牛头寺被列为省级重点文物保护单位。1997年，果林法师在长安区政府的帮助下，筹集资金，重修牛头禅寺，才有了今天我们能看到的样子。

如今的牛头禅寺，悠悠梵音，落尽繁华，西边是杨虎城的陵园，南边是杜子美的纪念馆。阡陌红尘已轮回千百遍，古刹清韵只在方寸间，唐代的陀罗尼经幢往来几许僧侣，千年龙爪槐又让多少香客留恋，宁静的寺院伴着樊川的层林尽染，墙上的佛语刻画着时间的风轻云淡，古老的木鱼敲下多少心中的尘垢，新盖的屋檐又翻起多少过去的经卷。

红庙坡

红庙里拜的哪一尊神仙？

我们日常用“天空”这个词来表示抬头就能看见的广阔空间，在古代，其实“天空”表示两种含义，“天”是神，“空”是宇宙空间。古人对于笼罩在头上的天空充满了敬畏，而人类自己又是如此渺小，自然会把它作为神来崇拜。

商朝时期，人们就有了对祖先的崇拜，认为祖先死后其魂魄会飞上天空，保佑着后世子孙绵延不绝。西周时期，“天”的意义超越了祖先崇拜，变成具体的神，叫作“昊天上帝”，“昊天”的意思是广阔无尽的天，“昊天上帝”是宇宙至高无上的神，他派自己的儿子管理人间，称为“天子”。宋徽宗时期，给道教玉皇大帝加了“昊天”的尊号，所以宋朝之后，昊天上帝和玉皇大帝常常混在一起，在很多道观中供奉。

今天西安城墙西北处，有一处地名叫作“红庙坡”，被人们戏称为“堵车圣地”，还有人疑惑，红庙在哪里？坡又在何处？红庙坡在汉朝之后就有人聚居，形成村子，这里曾有一座“昊天观”，祭拜昊天上帝，历史悠久，所以民间流传“先有昊天观，才有长安县”。昊天观的来历有多种说法：一种说法是隋唐长安城南边保宁坊（今西八里村一带）曾有一座皇家昊天观，是唐高宗李治给父亲太宗追福所修建的道观，后移至此地；第二种说法是唐太宗年间修建，因为道教是当时的国教；还有说是唐朝某位公主修道的场所。之前昊天观气势宏伟，有玉皇大帝、道教三清等九座大殿，庙外红色围墙很高，人称“红庙”，又因为地处龙首原南坡，这里得名“红庙坡”。明万历年间，一位叫徐楫的人重修了昊天观。

1926年围城之战时，刘镇华招募镇嵩军及土匪、帮会，号称十万人，杀向西安，遭到西安军民的一致抵抗。西安城守军不足万人，为解西安之围，渭北各地的陕军从咸阳渡河，想与城里的军队里应外合，双方在龙首原、红庙坡等地展开激战，守军终因寡不敌众退回渭北。后冯玉祥带兵从外围攻击刘镇华大本营，才打退镇嵩军（详见《长安处处有故事·西安地理》中的“玉祥门”）。

红庙坡的历史伴着远古的崇拜、唐朝的道观、民国的战火，成了这片土地上的印记，而你我身处闹市繁华，何曾不想行至朝雾里，坠入暮云间，而后在此驻足，世人皆寻“道”，却不知低头时道就在我们脚下，在长安城的故事里。

昊天上帝

神鹿造访

神鹿坊

敢问『鹿』在何方？

西周末年，犬戎军攻破镐京，周幽王被杀，其子周平王即位。周平王为了躲避犬戎，迁都洛阳，当一行人走到西安东郊的白鹿原时，发现一只很特别的白鹿，勾起了周平王的兴趣，几番射杀都不能将其擒获。士兵们骑马追击，白鹿窜进一座古庙，便不见了踪影，士兵们大惊，均称这是一只神鹿，此处的地名就被称作“神鹿坊”，这个故事记录于《后汉书》。

今西安市灞桥区红旗街道办，有一座神鹿坊村，关于神鹿坊这个名字，除了周天子版本外，还有两个说法。西安被称为十三朝古都，其中南北朝时期名气不大的西魏政权，也在长安建都，西魏文帝元宝炬晚年病危，太医都束手无策。有人给了元宝炬一个药方，但是需要用一只活鹿心肝做药引，于是太子元钦带着人马直奔白鹿原，用时不多便看到白鹿一只，士兵们纷纷射击，白鹿身中一箭，跑进了一座庙中，太子令人进庙抓获，并取出白鹿的心脏，辅以药物，元宝炬在此药方治疗下很快痊愈。为了感念这只救他性命的白鹿，元宝炬把抓到神鹿的地方封为“神鹿坊”。

神鹿坊还有第三个来历，传说唐朝贞观年间，李世民的太子李承乾突然病重，皇宫太医无法医治，一批士兵在东郊打猎的时候，偶得一只白鹿，献到皇宫，太医熬制后给太子服用，不久后太子康复。唐太宗喜出望外，下令在长安城东建造“神鹿祠”，后来当地人称为“神鹿坊”。公元783年，唐德宗派太尉朱泚平叛，没想到朱泚及其部下在途中造反，并带兵占领长安城。唐德宗令大将李晟出兵，由神鹿坊强渡浐河，最终打败朱泚，长安收复。

神鹿坊东边为白鹿原，西接浐河，北边就是渭水，水流充足，景色宜人，从周朝开始，历经秦汉隋唐，一直是皇家园林。唐代初年，远赴天竺取经的玄奘大师在公元664年圆寂，死后其遗体送到云经寺安葬，云经寺就在神鹿坊往北500米处，当时长安城几乎所有的寺庙僧人，朝中的文武百官及无数百姓到神鹿坊为玄奘大师送葬，人数近百万，前所未有。后来玄奘法师的舍利又迁至长安区护国兴教寺。

人说：山有峰顶，佛有彼岸。历史自有它的波澜，如今神鹿坊的故事已经随风飘散，而那些西周和大唐的皇室也已走远，谁还能记起朱泚的叛乱，谁又能见证古庙里供奉的杯盏，谁还能说出神鹿造访在何月何年？暮色深浓，神鹿坊村如今已变得平淡，但这里的历史仍旧让人喜欢，且越走越远。

薛家寨

评书《薛刚反唐》的历史依据

唐高宗年间的一次元宵节，薛丁山的儿子薛刚醉酒后打抱不平踢死了皇子，惊了皇帝，随后逃出长安城，武则天以谋逆之罪杀了薛刚全家，并四处捉拿薛刚。薛刚走投无路，投奔庐陵王李显（唐中宗，当时被武则天废黜），两人成为患难之交。后薛刚从西凉借兵，杀进长安，最终为薛家平反昭雪。这就是《薛刚反唐》评书中的故事，并非正史。

今天西安市西大街城隍庙后面，相传是当年武则天杀害薛刚全家的地方，叫作“铁丘坟”（此不足信，西大街在唐朝属太极宫皇城），新中国成立前，城隍庙里还曾供奉着薛刚。今西安市周至县九焰山，相传薛刚在此地招兵买马。今陕西省铜川市照金，是红色革命圣地，照金山顶，有一处薛家寨，传说是薛刚率领军队和唐军对峙的地方。西安市未央区也有一处薛家寨，相传是薛刚平反之后，薛家后人居住的地方。

薛刚反唐的故事当然不真实，但历史上还是有其原型的，唐初名将薛仁贵的孙子名叫薛嵩，出身将门，从小臂力过人，善于骑射。此时处于唐朝天宝年间，唐玄宗荒废朝政，安于享乐，安史之乱爆发。薛嵩因在家中受到排挤，在朝中又得不到重用，他索性率军加入了安史叛军，并多次力挫唐军，表现十分突出。安史叛军很快占领了洛阳、长安，眼看大业将成，但形势急转直下，唐朝名将郭子仪、李光弼等很快组织军队收复失地，安史叛军节节败退，大将仆固怀恩率军与薛嵩作战，眼看大势已去的薛嵩立刻调转马头，接受了仆固怀恩的招安，率领自己的部下投降唐朝。唐王朝念在其祖上有功，且希望通过薛嵩让更多叛军归降，不仅没有治罪，还让他做了节度使。薛嵩知道，自己曾反叛过朝廷，因此在节度使的任期内谨小慎微。唐代宗年间，薛嵩被提拔为高平郡王、宰相等职，寿终正寝，其画像还入选了凌烟阁，可谓恩宠一时。薛嵩的儿子薛平出将入相，孙子薛从也曾担任京中要职。薛家从初唐薛仁贵开始 历经盛唐、中唐，长盛不衰，并不多见。

今天西安、周至、照金等地还有关于薛刚的民间传说，评书演义中的故事总是受到百姓的热议，真正的历史人物却很难被人们熟知。有时候人生的轨迹和历史的进程何其相似，曲曲折折，山重水复，兜兜转转，柳暗花明，世间所有的唐突，都是猝不及防的变数，而生前所有的故事，像那溪水一样潺潺流淌，而后传说依旧。在薛家寨的每个春秋，在九焰山的每个雨后，将军战马今何在，野草闲花满地愁。

八仙庵

吕洞宾在这里悟道修仙

相传西安城东有一座宋朝修建的吕祖庙，香火不断，一直延续到清朝。嘉庆年间，道士董清奇被吕洞宾托梦。吕洞宾说，当年八仙过海，降妖除魔，一起得道成仙，为何只有他一人在此享受供奉？董清奇醒来后惊讶不已，又有周边百姓说，他们时常看见八个形态不一的人在庙附近出没。董清奇和庙中道士商议，把吕祖庙改为八仙庵。

今天西安城东五道什字东街上，有一处万寿八仙宫，百姓俗称“八仙庵”。相传唐武宗年间，有一位落榜的学子吕绍先在长安城遇见修道之人钟离权。钟离权为了度化吕绍先，在做黄粱饭时，让吕绍先在一旁睡去。吕绍先在梦中高中状元，迎娶娇妻，官运亨通，子孙满堂，四十年后位极宰相，因权势过大而被抄家，妻离子散，晚年立于风雪中，思量一生，百感交集。此时钟离权的黄粱饭已做好，吕绍先也从梦中醒来，顿时悟道，跟随钟离权去终南山修道，这个故事记录于《八仙出处东游记传》。故事中的吕绍先就是吕洞宾，钟离权即是汉钟离，他们相遇的地方便是今天的八仙庵。八仙庵的真实来历是宋金时期，全真教兴起所修建。明朝朱元璋的孙子朱尚灯梦见八仙，以为祥瑞，故对八仙庵进行大规模维修，并亲题匾额。清朝康熙、雍正年间，当地名流再次重修八仙庵；1900年，慈禧太后和光绪皇帝驾幸八仙庵，由皇家命名为“西安东关清门万寿八仙宫”。

八仙庵大殿外，有一块“长安酒肆”的石碑。盛唐时期，李白、张旭、贺知章等八人常在此饮酒，长乐坊的黄桂稠酒甘甜可口又回味无穷，此八人把政坛上的失意和人生的起伏注入酒中，高谈阔论，以诗会友。杜甫的名篇《饮中八仙歌》便是对八人醉态的生动描写，八仙庵中的太白殿供奉的是太白金星，民间传说正对应诗仙李白，相传李白的母亲夜梦太白金星入怀，因而生李白，所以李白号太白，称为“谪仙人”。

如今的八仙庵是陕西的道教圣地。每年重阳节，都会在此举行道场活动，八仙庵中除了供奉有汉钟离、铁拐李、吕洞宾、韩湘子、张果老、曹国舅、蓝采和、何仙姑八仙外，还有全真祖师长春真人丘处机、药王孙思邈。此外，神话故事中紫薇大帝的母亲斗姆元君、道教第一护法神王灵官、文曲、武曲也都一并供奉。遇仙桥上，后人讲述着吕祖与王重阳风云际会的故事；八仙殿上，东华帝君的起源又有几人去寻觅。千年的光阴怎奈薄如片纸，八仙的传说又是如何意气相许，世上争名逐利，我自在闹市中将八仙宫寻觅，借一段历史的回忆，让时间在你我耳边朝来暮去。

狄寨

一位叫『天使』的将领

公元前212年，秦始皇营造阿房宫的时候，在西安城东郊的白鹿原上，同时修建着另一座宫殿。但是传说东郊白鹿原下面沉睡着一只远古的鲸鱼，它体形巨大，被宫殿的施工声惊醒而受惊暴起。瞬间，白鹿原地面裂出一道深沟，鲸鱼逃走，当地人把这条沟叫作鲸鱼沟。

鲸鱼沟把白鹿原一分为二，南边叫炮里原，北边叫狄寨原。关于狄寨原名字的来历，有两种说法：一是五胡乱华的时候，北方少数民族戎狄来此定居，故有狄寨的名字；第二种说法是相传宋仁宗年间，大将狄青曾在此安营扎寨，后来明朝沿用，故而得名，这也被学术界所认可。

北宋宝元初期，西夏时常侵扰边防，宋朝派了一支军队到陕西驻防，狄青当时只是一名低级别的军官，他出身行伍，武艺高强，每战都请命担任先锋。作战时，狄青散开头发，头戴面具，往来冲杀。西夏军印象中的宋军常常疲弱，战斗力不堪，唯独对狄青十分忌惮，认为他是天神下凡，于是给他取了一个具有现代感的外号“狄天使”。随着军阶的上升，狄青也在范仲淹的指导下，开始研习历史和兵法，用于实战。狄青在陕西驻守四年，打过二十多场仗，身上中箭八次，因为北宋和西夏最后议和，狄青回到都城开封，后来又统兵平定了南方的叛乱。但是因为北宋重文轻武，战功显赫的狄青常常被朝中文臣诋毁，直到他死后才被追封为中书令。

狄寨原上有一处著名的南陵，这是汉文帝生母薄姬的陵墓。薄姬早年曾是诸侯王魏豹的妻子，汉高祖刘邦灭了魏国，见她颇有姿色，便纳入后宫，虽不受宠，但还是生下了刘恒。汉高祖死后，刘恒和母亲薄姬无欲无求，低调地去往山西做诸侯王。后来吕后弄权，刘姓宗室多被杀害，刘恒却安然无恙，不得不说，这与薄姬韬光养晦的策略有关。吕后死后，长安爆发了诛杀吕氏家族的政变，刘恒因为没有派系，处事极为低调，被朝廷迎回做了皇帝。薄姬被尊称为薄太后，一直到汉景帝年间才去世，因为是妾室，不能与刘邦合葬，便在霸陵的南边修筑南陵。西晋时期，薄太后陵曾被盗掘一次。1975年，在南陵的丛葬坑中发现大熊猫的陪葬，这在国内尚属首次。2016年，南陵陪葬坑被盗，其部分文物后被公安机关追回。

如今，鲸鱼沟的传说依然在山间回荡，而灞河清流宛转，水中鱼戏翩翩，狄青将军的壮志未酬还在远方独自黯然，昔日的军营再难重现，汉朝的历史已经消散，南陵的枯冢无君相伴，狄寨原的故事过去了一年又一年，地名的循环，本是无言，只与君俯仰天地之间。

鸣犊镇

《水浒传》中第一位出场的梁山好汉原型

传说金朝时期，西安城南地下突然冒出一大股清泉，一头金色的小牛从泉眼中跑出来，四处奔跑，老百姓大为惊讶。从此以后，家家户户生活富足，一位云游的喇嘛听说此事，便来到这里，日日潜伏，最后将金牛捉走，不知所踪。

今天的西安市长安区鸣犊街道，自古便是咸宁县八大镇之一，其名字来源众说纷纭，除了金牛致富的故事外，当地还有一种说法。相传有一牛犊不慎掉入泉中，母牛异常惊慌，哀号不已，没想到几天后，牛犊不知何故，又从泉水中跳出来，母子团聚。由此故事，当地被称为“鸣犊镇”。

《水浒传》的故事家喻户晓，讲述的是北宋末年，以宋江为首的一百〇八位梁山好汉劫富济贫的故事。但在真实历史中，宋江起义的规模很小，后投靠朝廷，朝廷派他及其部队攻打其他起义军。宋江战死后，他手下有一员将领叫作史斌，是小说中“九纹龙史进”的原型，也是水浒中第一个出场的梁山好汉。史斌在陕西发动起义，占领陕西略阳，并自称为皇帝，率军南下攻打四川时，在剑门关遭遇重创，又返回陕西，直取西安。1128年，史斌被官兵击败，在鸣犊镇被俘，惨遭杀害。

明朝中期，鸣犊镇的商贾大户曾一起出资，修建了一座瘟神庙。相传瘟神吕岳是通天教主的徒弟，商朝末年，他曾带着徒弟助纣为虐，并且广撒瘟疫，让周武王的军队寸步难行。后来他被道德真君的门徒杨任打败，在封神榜中，被封为瘟神。瘟神庙中供奉着吕岳，两边分别是东、西、南、北四方行瘟使者。瘟神庙前还有古泉流过，人们称其为“金牛泉”。相传明朝时期，西安城闹瘟疫，死者无数，有人到瘟神庙中祈求保佑，说来神奇，凡来祭拜过的人均没有感染，远近百姓纷纷来此，瘟神庙香火不断，名噪一时。

1994年6月6日上午，西北航空公司一架飞机执行西安至广州的航班任务。飞机由西安咸阳机场起飞，由于检修前工作人员将插头插错，飞机离地后所有横向、侧向参数均发生低频大幅度变化，升空后异常飘摆，经过一系列操作后无法挽回，飞机在空中失控并解体，坠毁在长安区鸣犊镇。机上160人全部罹难。这是中国民航史上最惨重的空难之一。

如今的鸣犊街道，仍然有一座金牛肃立在此，你能想到多年之前，牛犊因泉而鸣，小镇月色与屋瓦皆成春色，天上地下、神话人物、历史古迹，都成了皎洁的月光，月光下的泉水，平铺着皓影，月色与泉水之间，流淌着历史的模样。

立新街

雷人的雷神形象

上古时期，人们非常忌惮雷电，认为这是上天在发怒。水能治理，火能扑灭，唯独雷声轰隆，电光火石之间，劈中树木，击打人畜，无法躲避。这种自然界的神奇现象在当时是无法解释的，所以人们发誓的时候总喜欢说“天打五雷轰”，但雷神终究仁慈，并未劈中不遵守誓言的人。

今天西安市莲湖区有一条连接莲湖路和药王洞东口，长390米的道路叫作立新街，这个名字来源于1966年“文革”时期。《西安府志》记载，这条路的前身叫作“雷神庙街”，明朝建立初期，曾在这条街的北边修建了一座“雷神庙”，故有此名。

雷神的形象最早出自于《山海经》，当时的人们认为，雷声响于天空，而龙也翱翔于云中，且主管降雨，所以雷神应该是龙身和人头的结合体。《山海经》为了更形象，还在雷神的腰间加了一个鼓，敲鼓即打雷，打雷后有雨。此后关于雷神的形象一变再变，由人头变为动物头、鬼头，身体也有人或者兽的记载，雷神在民间也被叫作“雷公”。帝王和百姓每年都要祭祀雷公，祈求风调雨顺。到了明朝，道教神话故事中，雷神变成了一个有等级的神仙群体，最高级别叫作雷王，然后是雷神，最底端是雷公，雷公的形象基本确定下来，身材魁梧像一个力士，袒露着胸腹，尖嘴猴腮，背上有一对翅膀，能够在天空飞行。同时期的小说《封神演义》中雷震子的形象便是如此，四大名著之一《西游记》中众人形容孙悟空的样子，叫作“毛脸雷公嘴”。也就是从明朝开始，全国开始大修雷神庙。

立新街的雷神庙在街北边的八一街小学内，八一街小学始建于1920年，1924年迁至雷神庙中。新中国成立初期，雷神庙还保存较好，学校教室上面挂着一块牌匾，牌匾上写的并不是“有教无类”或者“勤学苦读”的字样，而是“恩泽众生”四个大字。教室后面就是雷公和电母的塑像，与其他神像安详的状态不同，这两尊神面部狰狞，吐露獠牙，与孩子们相处一地，画风奇异。当时庙里的山门、大殿、万阁楼都在，1962年，八一街小学拆除了雷神庙的大殿和山门，雷公和电母也被移走，学校重修了校门和教学楼，亩里的万阁楼虽已破败，但并未拆除。2004年，文物专家来此鉴定修复，被列为陕西省二级重点保护文物。

雷是云的聚散离合，雨是雷的匆匆过客。我们已经无法看到完整的西安雷神庙，或许历史总会有那么一个角落，将那些远云的崇拜封锁，将那些古老的传说交错，雷公和电母早已在人们的心中印刻，那一条不断演变名字的街道，花开花落，恍然如昨。

五星街

天庭基层干部的住所

传说，玉皇大帝派土地公下凡，问他有什么愿望。土地公淳朴，希望凡间百姓均能成为富翁，没有贫穷。和他一起下凡的土地婆却反对，她认为，如果人人富裕，都成了懒汉，社会怎么进步？土地公坚持认为贫苦的百姓很可怜。土地婆说：“如果民间全是有钱人，将来我们的女儿嫁人，谁来抬轿子呢？”土地公沉默不语。百姓认为土地婆不体恤民间疾苦，因此不肯供奉她，而对土地公十分推崇，各地的土地庙层出不穷。

今天西安城内，连接东梆子市街和五味什字，长276米的街道叫作五星街。五星街这个名字取自“文革”时期，它的前身叫作“土地庙什字”，因为这里曾有一座土地庙得名。隋唐时期，这里属于皇城内的司天监（掌管国家天文历法的机构）和御史台（国家监察机构），隋唐时期著名的大臣裴矩、萧禹、马周均在这里办公。

土地神起源于上古神话，句龙为水神，每当洪水来袭，句龙就让百姓筑起山丘，每二十五户住在一个山丘上，称之为“社”。百姓感念他的恩德，叫他社神。社神掌管土地，中国古代，厚土载物，为万物生长之地，每年播种和收获的时候都要祭祀土地神，祈求丰收，祭祀的地方就叫作“社”。由“社”后来演变出很多词语，如“社会”“社稷”“社火”。东汉末年，扬州有一位官员叫蒋歆，为官期间，保一方太平，当时匪患严重，蒋歆追击土匪到紫金山脚下，力战而死。后来在江南建都的政权纷纷为其立庙，各地的百姓也予以供奉，把一方安定和丰收的愿望寄托在蒋歆身上，蒋歆成了历史上第一位土地神。

土地神在全国推广之后，各地分别以当地的英雄为土地神的代言人。道教神话成熟后，土地神成了天庭的基层干部，他的形象被固定为矮小慈祥的老人。《西游记》中，佛祖派观音菩萨到长安寻找取经人，观音菩萨到长安后先找到土地神，借他的庙宇居住几天，土地神只好搬到城隍庙里居住。相传明朝开国皇帝朱元璋出生于土地庙，因此明朝全国各地纷纷兴建土地庙。

西安城内的土地庙也在当时修建，起初庙宇宽敞，建筑较高，清朝末年损毁消失。土地庙什字这个地名却一直保存到新中国成立后，“文革”时期，这里被改为“五星街”。1972年，西安很多地名恢复了原来的名字，但由于“土地庙什字”中的“庙”字仍有封建意味，故保留“五星街”至今。

人说：庙小神通大，天高日月长。昔日的土地庙里锁着另一个红尘，另一个红尘的世界亦仙亦道、亦幻亦真。那些消逝的历史背后埋藏了多少信仰，那些信仰的面前又站立过多少代人的期望，只有庙前的对联讲述着土地神淡然的态度：有庙无僧风扫地，香多烛少月点灯。

印花布园

古人是如何印染布料的

唐朝怀远坊有一座开元寺，始建于隋文帝年间，唐玄宗开元年间改名，唐武宗年间毁于灭佛运动，北宋初年，在今西安市钟楼的东南边、印花布园北重修了开元寺。1907年，革命先驱井勿幕回到西安，在开元寺召开第一次西安同盟会会议；1914年，陕西督军陆建章在开元寺开设妓院，这里成为当时远近闻名的风月场所。新中国成立后被废除，后根据开元寺将这里的商场命名为“开元商城”。

开元商城南边便是一条叫“印花布园”的巷子。唐朝时这里属于太极宫皇城少府监，主管各类手工行业。唐朝之后，这里逐渐形成民居。明清时期，这里聚集了很多印染花布的手工作坊，作坊里摆放着染缸，印好的花布晾晒在巷子两旁，所以这里得名“印花布园”。

关于印染花布，西安还有一个美丽的传说。相传天地混沌初开时，人间只有山川和大海，玉帝派人给凡间种上草和树，显得生机勃勃。天庭的一只喜鹊想让人间更美丽，就偷偷把天界的花籽儿带给人间，不曾想很快被天庭发现，喜鹊被关起来了。天庭巡逻的三足鸟认为喜鹊造福人间，没有罪过，就放它离开。喜鹊到了人间，看到繁花似锦，颇感欣慰，便随意停留在一户人家院中鸣叫，恰好这户人家的女儿出嫁，喜鹊的叫声惊动了要出嫁的女儿。女儿将喜鹊停在花丛中的景象绣成锦帕，这张锦帕被带到她开染坊的婆家，就在今天的印花布园。婆家看到喜鹊锦帕时，觉得寓意吉祥，就照着锦帕在牛皮板上刻上图，然后用面浆刷好，配上不同的颜色，制成了第一块印花布。周边的百姓纷纷前来订购，一时间印花布成了十分流行的款式。

其实，中国的染布历史要追溯到西周，史书上对当时养蚕、缫丝、织绸、染色等工艺已经有明确的记载。到了汉朝，随着张骞通西域，丝织印染技术有了很大的进步，颜色也丰富起来。唐宋年间，用坯布印花纸高温印染加工而成的印花布风靡一时。制作时先将布料在水中浸泡，然后把豆面、石膏搅成糊状，用硬油纸制版。可以随意选择刻上植物、动物图案，接着将版铺在白布上，用刮刀印制后投入染缸中洗染，晾干后剥落图案上的附着物即成。印花布当时是婚丧嫁娶的必备品。

如今印花布园的作坊早已消失在时代的进程中，明清时期泛黄的长安旧布，印满了少女的喜悦、百姓的风俗，印出了一座城市的兴衰。年华转身不再，而那些传统的技艺终究会被替代，只有这条百米长的巷子一烙成印，经年不改。

今蓝田县华胥镇中多处地名与华胥有关，
她被誉为华夏始祖母

今碑林博物馆天下第一钟景云钟、三府湾
等地名与唐睿宗有关

今西安市兴庆宫、景龙池、三桥等地名皆
有唐玄宗盛世与衰落的故事

明朝第一位驻守西安的藩王，今西安市明城
墙、皇城路、端履门等众多地名皆来源于朱樉

深度揭秘

The Chang'an story

郭杜

这里住着三皇五帝『尧』的后裔

郭杜是长安区名气很大的一处地名，自古以来便是长安向南的重要通道，因此商队云集，市集古镇很是热闹。相传民国时期，天下并不太平，长安城南常有土匪出没，在南北通道上打家劫舍，还劫掠南北商队，杀人越货，民间闻风丧胆，把这里叫作“割头镇”，后来谐音叫作“郭杜镇”。郭杜镇的这个传说并不见于史料，因此可信度较低。

关于郭杜名字的由来有两段可信的史料。三千多年前，周武王率军讨伐纣王，取得江山，册封唐尧（三皇五帝之一、上古部落首领）的后裔在山西做诸侯国，称为唐国。周成王年间，唐国依附商纣王的儿子武庚以及周武王的弟弟管叔等人一起叛乱，周成王派周公旦带兵从镐京出发，用时三年平定叛乱，杀掉这几个诸侯国的国王。周公旦还把唐国的臣民迁到镐京旁边，重新给他们建了一个叫“唐杜”的伯爵小国。二百多年后，西周衰落。犬戎灭亡西周，占领镐京。周成王迁都洛阳，把关中赏赐给秦国，让秦国和犬戎交锋。杜伯国在大国交锋时逐渐强大，西安城南很大一片地区都在他们的统治下，之后秦国崛起，杜伯国被灭，但是这里却留下一个叫作“古杜镇”的名字，后来改名为“郭杜镇”。

关于郭杜还有一个说法，来源于明朝万历年间，当时这里南边有郭家村，北边有杜家堡（bǔ），因此得名。此外，《长安县地名志》还记载，这里南边叫作郭家街，北边称为杜家街，才有“郭杜”这个名字。

郭杜在西周时期叫作“毕原”，这是西周前期周文王、周武王等周天子安葬的地方，按照西周的墓葬制度，不封不树，因此地面上没有任何君王陵墓的痕迹，至今考古队员也没有找到他们的墓葬。此外，郭杜还有“杜回墓”“三害冢”（详见《长安处处有故事·成语典故》中的“忠孝两全”），仓颉造字台讲述着文明的延续，佛教净土宗祖庭香积寺屹立千年。 这里在汉朝属于上林苑（皇家园林），唐宋时期，郭杜镇属于西安市长安区义阳乡布政里和华林乡居安里，清朝这里叫作“郭杜廒（áo）”，是“长安区八大古镇之一”。新中国成立后，这里建起公社，1984年恢复郭杜镇的名字，2003年，设立郭杜街道。

如今你可以在樱花广场看到节奏欢快的广场舞，也可以在陕西师范大学校园里偶遇情窦初开的少男少女，郭杜车管所又排起了长队，仓颉造字台鲜有人知。那些唐尧的后人在此兴起又衰落，那些明清的商队在此驻足又离去，古镇酒旗飘扬，是谁在哼唱那些过往。千百年后，风华已被淡忘，夜色秋凉，那时的故事还留在我们的身旁，留在郭杜人的家乡。

韩森冢

秦始皇父亲的埋葬之地？

西安城东，长乐公园东门外，有一处韩森冢，“冢”是坟墓的意思，那么这座高二十二米的陵墓里埋葬的是谁？众说纷纭。很多不知情的人说，陵墓旁有清朝陕西巡抚毕沅立的一块石碑，上面不是写着“秦庄襄王墓”吗？难道另有玄机？

韩森冢的第一个传说是“韩信墓”。汉初大将韩信为刘邦立下汗马功劳，因有人诬告其叛乱，被刘邦贬为淮阴侯，到长安任职。韩信真想叛乱，被人举报，萧何和吕后在长乐宫将其杀害（详见《长安处处有故事·成语典故》中的“多多益善”）。根据传说，韩信死后埋在西安城东，“韩森冢”谐音便是“韩信冢”。

在韩森冢当地，还有一个传说，古代西安城东，有位名医叫韩森，济世安民，深得百姓爱戴，死后埋葬于此。但名医韩森的故事在史书上并未记载，况且从韩森冢的封土来看，墓主人肯定是王侯级别，名医韩森的说法并不准确。

韩森冢的第三个说法是“皇孙冢”，汉武帝晚年发生了一起“巫蛊之祸”，酷吏江充陷害太子刘据行巫蛊之术诅咒汉武帝。刘据恐惧，起兵造反，遭到镇压，皇后卫子夫、太子刘据相继自杀，刘据的儿子刘进被杀。刘据的孙子刘病已流落民间，后来几经周折，刘病已阴差阳错地当上皇帝，将刘进夫妇重新安葬，当时称为“皇孙冢”，后讹传为韩森冢。

2011年，西安市文物保护考古研究院对韩森冢进行了探测，发现这座大墓为“亚”字形建制，基本断定这是一座战国时期秦国君主的陵墓。由于战国时期除了秦孝文王和秦庄襄王外，秦国的其他君主都有确切的埋葬地，因此墓主人是这两人的可能性很大。秦孝文王是秦昭襄王的儿子，继位三天就暴病而亡，他的儿子秦庄襄王继位三年（详见《长安处处有故事·成语典故》中的“一字千金”），秦庄襄王之后就是统一六国的秦始皇。虽然对大墓进行了勘测，但出于保护文物的规定，不能主动发掘，所以，韩森冢究竟是哪一位秦王或者王族的大墓，依然没有确切的答案。

“韩森寨”在秦汉时期便有村庄，明朝在此屯军，故称“寨”。民国时期，冯玉祥第一次来到韩森寨，为了不扰民，在这里搭起帐篷过夜；几年后，冯玉祥率军与陈树藩在韩森寨激战，冯玉祥的部队在韩森冢上架起大炮向城内攻击；1926年，河南军阀刘镇华围攻西安时，效仿冯玉祥，将他的炮兵阵地设在韩森冢上，向西安城内攻击。

如今的韩森冢早已不是西安的制高点，但因其宽敞的地方以及独特的形制，成为很多人踏青、游春的地方，这个喧闹的城市一角，成为特别的存在，而关于这里的历史和传说，似乎还得延续下去，留待后人揭晓。

油王村

秦始皇铸造的十二个铜人去哪儿了？

贾谊的《过秦论》中有句很有名的话："收天下之兵，聚之咸阳，销锋镝（dí），铸以为金人十二，以弱天下之民。"意思是秦始皇一统六国后，收缴天下的兵器集中在咸阳，融化刀剑和箭头，铸炼成十二个铜人，用来削弱天下百姓的反抗力量。这里有两个问题：为什么要铸造十二个铜人？这些铜人去哪儿了？

今天西安市临潼区斜口街办，有一处油王村，相传西周最后一任君主周幽王曾在此修建过一座花园，后人取名为"幽王府"，幽王被谐音叫作"油王"，故有此名。春秋时期，这里属于秦国的芷阳县，油王村所处的位置叫作"铜人原"，这当然和秦始皇铸铜人有关。

秦始皇灭六国后，铸造铜人的原因，民间有两种传说，一种说法是秦始皇一生崇尚鬼神，寻求灵药，某一日梦中忽见狂风大作，四面鬼哭狼嚎，他十分惧怕。一位白发老者献策说："需铸造十二铜人，方可坐稳江山。"醒来后秦始皇立即照做。第二种说法是有一位甘肃的百姓，向秦始皇报喜，说自己亲眼得见十二个巨人，此乃祥瑞，秦始皇便铸造十二个铜人纪念。这两种说法都不可信。其一，秦始皇收缴天下兵器，为了不让六国死灰复燃。其二，铜人的数量值得玩味：十二在古代表示地支，地支就是整个天下，这是空间上的一统；十二地支还代表全天十二个时辰，而一年又有十二个月，周而复始，表示时间上的一统。二者合一，秦始皇的心思不言而喻。

十二个铜人大小不一，据考证，最大重八十吨左右，小的也有三十吨，高十米左右，全部保持坐姿，铜人内有丞相李斯起草、大将蒙恬亲自撰写的铭文，摆放在阿房宫前。东汉末年，董卓挟持汉献帝到了长安，为了解决军饷，他将十个铜人销毁铸成铜钱。三国时期，魏国控制长安，魏明帝轰轰烈烈地搞了一场超级运输项目，将剩下的两个铜人从长安运到洛阳，几十吨重的铜人刚出长安，走到芷阳县一处原上，铜人被卡住，无法动弹，魏明帝只好作罢，这处地势较高的原，就被后人称为“铜人原”，这个地方就是今天的临潼区油王村。魏晋南北朝之后，铜人下落不明，消失在历史之中。

“及至始皇，奋六世之余烈，振长策而御宇内，吞二周而亡诸侯。”如今我们读到这些句子，依然能感受到秦始皇以及那个帝国的伟大。可惜的是，十二铜人所蕴含的时间和空间的统一只是一个美好的愿望，二世而亡的秦朝如梦一场。千秋之后再论兴亡，不过是铜人原上秋露成霜，油王村中一纸过往。

三兆村

杜陵守陵人的小发明

1926年，刘镇华的镇嵩军围困西安城，为了筹集军饷，他们把目光锁定在三兆村的杜陵，当地村民联合其他附近的村子，武装起来保护陵墓。十月的一天晚上，刘镇华的一小股军队潜入三兆村，被村民击退。刘镇华又增加了一个营的兵力继续偷袭，村民们在西安驻军的帮助下，多次击退敌人，杜陵得以保全。

西安市雁塔区曲江立交的东南方便是三兆村，三兆村名字的来源众说纷纭：第一种说法是三位赵姓人在此居住，故称“三赵”，后谐音为“三兆”；第二种说法来源于隋唐时期，当时把浐河的水引到黄渠，再通曲江，水流经过处，在此留下三个大的沼泽地，百姓们叫作“大沼、二沼、三沼”，唐朝之后，缺乏官方治理的水流逐渐干涸，“三沼”也误传为“三兆”；第三种说法起源于汉朝，汉宣帝刘询的杜陵在三兆村南，刘询身世凄惨，还在襁褓之中就被人诬陷其家人谋反，不仅这一族群被灭，他也被打入天牢，后来在一连串的阴差阳错中，刘询做了皇帝，并励精图治，稳定了大汉王朝，历史上称之为“中兴之主”。刘询死后，官方曾派出大批的士兵为其守陵，加上汉宣帝的陪葬墓众多，散布在杜陵旁，守陵人也越来越多，他们世代居住于此。汉朝之后，战乱不断，挖墓盗陵者蠢蠢欲动，杜陵的守陵人昼夜看守，他们将灯笼插在帝陵封土上面，盗墓贼便不敢光顾，久而久之，守陵人的灯笼制作水平不断改良提升，到了近现代，三兆村成了远近闻名的“灯笼村”。因为有了这个故事，今天西安市南郊的大兆村、中兆村、三兆村、意思均为“兆域”，就是范围很大的皇陵大冢的地域。

三兆村的“三”，一种说法是表示这里有三块兆域；另一种说法是“三”表示“很多”的意思，因为村子旁边除了汉宣帝的杜陵和王皇后陵及各个陪葬墓外，还有前蜀末代皇帝王衍的陵墓。五代十国时期，后唐进攻前蜀，前蜀皇帝王衍投降，后唐皇帝李存勖让人押送王衍到洛阳，在途中押解的人杀掉了王衍，葬于西安市三兆村。这段历史记录于《咸宁长安两县续志》中。帝王陵墓固然存在，三兆村的兆域还不止这些，汉宣帝的儿子刘竞，唐朝著名的历史学家颜师古，中唐名臣颜杲卿，明朝藩王朱志埰、朱公鋺、朱诚濯、朱秉橘均埋葬在三兆。

比“亿”大的计数单位是“兆”，比“兆”大的计数单位是“京”，所以汉朝长安附近的行政单位统称“京兆”，宋元时期，西安城叫作京兆府。而三兆村，无论是赵姓人的定居还是浐河水的流淌，抑或是帝王陵的兆域，都成了大大小小覆斗形的黄土。沧海桑田，谓世事之多变；河水流殇，兆历史之辉煌。

洪庆堡村

秦始皇在哪里焚书坑儒？

秦朝统一天下后，秦始皇有一次宴请学术界的专家学者，七十多个博士首先向皇帝表示祝贺，秦始皇很开心。但是一个叫淳于越的复古儒生站出来说："应当废除现在实行的郡县制，恢复西周的分封制，把天下土地都分封给诸侯王，这样一旦有战乱，诸侯间可互相帮助。"秦始皇不悦，叫群臣讨论，李斯说："分封制必然导致诸侯纷争，皇权旁落。这些儒生迂腐不堪，为了避免他们继续用其他学术妄论朝政，可以下令尽收天下百家书籍，一并焚毁，民间不得私藏典籍。"秦始皇同意了李斯的建议，公元前213年，秦始皇"焚书"。

一年之后，方士卢生、侯生曾答应为秦始皇寻求长生不老药，眼见期限已到，寻无所得就会被治罪，卢生、侯生便连同一些复古的儒生，在外宣扬秦始皇暴政。秦始皇将他们逮捕，并坑杀了一批方士和复古的儒生，这就是秦始皇"坑儒"。"焚书坑儒"也为历代学者所诟病，成为秦始皇暴政的代表事件。

关于秦始皇焚书的具体地点有两种说法：第一种记录于《渭南县志》，在陕西省渭南市临渭区有一个"灰堆村"，便是秦始皇焚书的地方；第二种说法记录于《高陵县志》，西安市高陵区有一处灰堆坡村，这也被说成是秦始皇焚书之地。两处“灰堆”，表示焚烧典籍竹简留下的积灰。

秦始皇坑儒的地方很明确，在今天西安市灞桥区洪庆堡村东南的坑儒谷。《汉书》记载，秦始皇在此坑杀四百多位儒生，现场一片哀号，鲜血洒满整个坑中，当地人称这里为“红坑”，汉朝把这里叫作“愍（mǐn）儒乡”，“愍”就是痛心的意思。唐朝时，为纪念这些敢于反抗的儒生，改名为“旌儒乡”，“旌”就是表扬的意思。宋朝为横死的儒生改名为“横坑村”。明朝这里有了一些军事防御的作用，改名为“灭文堡”，说明秦始皇坑儒是一场文化浩劫。清朝仍然提倡儒学，灭文容易引起歧义，改名为“兴文堡”，后取民间“红坑”的“红”，谐音转化为“洪”，又加一个“庆”字，得名为“洪庆堡”，“庆”在这里表示“福气”的意思。离洪庆堡不远的砚湾村，相传是秦始皇坑儒时捣毁儒生砚台的地方。

关于秦始皇焚书坑儒，历代提倡儒家治国的文化界纷纷指责其暴政。但也有学者指出，秦朝推崇法家，不重用儒学，这在情理之中：因为焚烧的典籍只是民间藏书，官方藏书并未受损，被汉朝继承；坑儒主要破坏的是方士的行骗术，这些招摇过市的大师导致秦始皇愤怒，灰堆村、洪庆堡这些地名的演变代表着每个时代对于历史的不同看法，但“千古一帝”的名号不会因为世人的评论而改变。

秦始皇

骏马腾空

等驾坡

等的是哪位帝王的圣驾？

相传，唐太宗李世民的母亲窦太后喜欢拜佛，常到长安城南上香。一日，窦太后在三官庙上香完毕返回长安，途中突遇劫匪。窦太后随行多为女眷，无力抵挡，故逃至常宁宫避难。李世民亲率军队救援，经过厮杀，成功救出窦太后。返回时，文臣武将在今天雁塔区东南边等待圣驾，因为这个传说，此地才叫作“等驾坡”。

在西安有两处地名均叫等驾坡，一在雁塔区，一在长安区。两处地名的历史虽有差异，但故事相差无几。除了窦皇后的传说外，雁塔区等驾坡还有另一个传说，也和李世民有关。李世民是马上得天下，即位后常常外出狩猎。一次狩猎途中，在长安城南突遇一只猛虎，李世民的坐骑受惊，便慌不择路，腾空而起，狂奔而去（因此传说这里称为“马腾空”）。随行官员无论如何也追不上，眼睁睁地看着皇帝消失在丛林中。随驾大臣赶紧通知手下四处寻找皇帝的下落，并找到一处高坡，四处瞭望，最终有惊无险，三天后李世民被找回。群臣心系君主，李世民把这里赐名为“等驾坡”。

长安区等驾坡的传说和光武帝刘秀有关。当地传闻刘秀在长安求学时，有人算卦说刘秀有帝王之气，当时的统治者王莽听闻之后，派兵捉拿。刘秀得知消息，赶紧出逃，在长安城南东躲西藏，等到官兵退去，方才与同伴会合，逃往南阳，后终成大业，成为东汉开国皇帝。当年他躲藏的地方就叫作刘秀村，而同伴等他汇合的地方就是等驾坡。

传说往往神乎其神，但是历史总是平淡无奇。关于雁塔区等驾坡这个名字的真实来源于明朝时期，这里有姓董的人聚居，形成村落，时人称这里为“董家坡”。长安区的等驾坡则来源于清朝初年，这里叫作“五家坡”，起初有弟兄三人在此定居，后来兄弟三人的后人有五家显赫一时，百姓便称之为“五家坡”，后演变为“等驾坡”。

如果喜欢一座城市，不仅是因为这座城市的风景，或许还有这个城市拥有无限的传说、动人的故事。这些故事有真有假，其实大可不必在意。无论是太后的丛林遇险，还是帝王的落魄奔走，都是村落的一部分，这里的屋檐下有琅琅的书声，杯盏里有浓浓的亲情。村落以保守的方式怀抱着它的村民，又以开放的姿态迎接着千年的历史，只是这些历史散落在“等驾坡”这样一个个地名中，散落在这些村落长者的谈吐里，散落在《长安处处有故事》的记录里。

苗驾庄

西汉国家铸钱机构

2009年2月，西安市文物稽查队传来了一阵急促的电话声，打电话的人是长安区灵沼街办苗驾庄的一位普通村民，他声称自己家中老墙内出现了大量文物。文物专家经过实地考察研究，认为村民家中发现的文物叫作钱范（古代铸造货币的母版），苗驾庄所在的位置应该是西汉国家铸造钱币的机构，汉武帝时期的五铢钱铸造于此。

西安市长安区的苗驾庄，名字的来源扑朔迷离。第一种说法要追溯到四千年前，中国农业祖师、西周远祖后稷曾在咸阳市武功县普及农业知识，百姓获益，名声在外。有一次，他被邀请至西安城南，给这里的百姓传授先进文化，他上课的地方就被称作为“苗稼庄”。这个“苗”就是禾苗的意思，“稼”是庄稼的“稼”，后来谐音演变成“驾”。这个传说还有一个佐证，苗驾庄旁边还有一个叫“冯村”的地方，冯村之前叫作“逢稷村”，“稷”就指的是后稷。

苗驾庄的第二个传说是距今约二千六百年的春秋时期，楚国内部出现叛乱，一位叫贲皇的贵族出逃至晋国，晋景公对于这位楚国贵族赏识有加。后来晋楚发生了鄢陵之战，贲皇十分熟悉楚国的排兵布阵，给晋景公献计，以少量精兵牵制住楚国的左、右军，主力部队集中围攻楚国中军，而后击败楚军。晋景公为了表彰贲皇，把一块叫作“苗”的地封给他，史书称他为“苗贲皇”，他是苗姓的始祖。苗贲皇的后人有一支迁到西安城西南定居，取名为“苗家庄”，后谐音转化为“苗驾庄”。还有一种说法，古代西南地区有苗族的首领到都城长安朝拜，曾路过此地休息，故称“苗驾庄”。

苗驾庄的第四种起源来自于村史和《长安县志》，五代十国时期，该村因战乱逃难的百姓聚集而成，百姓以种植粮食为生。当时兵荒马乱，有时还会遇到天灾，百姓们为祈求庄稼年年丰收，将村子取名为“苗稼庄”。村史记载，清朝同治年间，陕西回民起义，清政府派出将领多隆阿前来镇压，苗驾庄的村民修筑城堡，集合力量，与回军进行了战斗。清军一位王爷路过此地，为表彰村民的英勇行为，将“苗稼庄”改为“苗驾村”，代表自己作为清政府驾到的意思。但这位王爷姓甚名谁，并未记载。

如今的苗驾庄，仍有老人讲述着村中的传说，鲜有学者考证这里的传说和历史。无论是上古岁月后稷的足迹，还是春秋时期贲皇的后裔，抑或是百姓的自然聚居，甚至是留存的西汉钱币，都是村子故事的延续。或许只是长安的一隅，或许只是村史的只言片语，但地名缘起，总是短暂在此相遇，并长久留存记忆。

讲武殿

北周在这里建国

公元557年，西魏权臣宇文觉暗中逼迫当时的魏恭帝禅让皇位，文武百官也纷纷上奏，请求宇文觉改朝换代。宇文觉假意推辞后，坐拥江山，并改国号为“周”，史称“北周”。宇文觉继位的地方，叫作“正武殿”，就是今天西安市未央区的讲武殿。

讲武殿名字的来源有两种不同的说法。第一种说法是西汉第一任丞相萧何在修建未央宫的时候，专门修建了一处储存兵器的国家“武库”，武库面积很大，有七个分类仓库。相传刘邦在做皇帝之前，曾经获得一把长三尺的铁剑，名叫“赤霄剑”。此剑锋利无比，世间罕有，刘邦曾用它斩杀过白蛇，登基后宝剑藏于武库，当时看守武库的士兵常常看到武库中云雾升起，形似白蛇。汉武帝年间，在边境常有战事发生，兵器不足时，就由武库供应。西汉末年，武库毁于战火。

讲武殿的第二种说法来源于北周，北周宇文觉登基后，定都长安，其皇宫正殿为“正武殿”，后来经过演变，讹传为“讲武殿”，这个说法得到了元朝骆天骧《类编长安志》和李好文《长安图志》的认可。现在讲武殿村的北边还有一处夯土台，据说就是当年北周皇宫的遗址。

讲武殿中曾有一座战国时期的大墓，这座大墓的主人叫作樗（chū）里疾。樗里疾是秦孝公的儿子，他能说会道，足智多谋，当时秦国人都叫他“智囊”，曾辅佐秦惠文王、秦武王和秦昭襄王三代国君。作为将领，樗里疾攻打过魏国、赵国和楚国，均获得胜利，后来他官拜丞相，继续扩张秦国版图，一生功勋卓著。樗里疾生前为自己选的墓葬所在地，就是今天的讲武殿，相传樗里疾临终时还断言，百年之后，自己陵墓旁边将有天子的宫殿围绕。果然汉朝建立后，长乐宫在樗里疾墓的东边，未央宫在墓的西边。隋文帝杨坚建立隋朝后，要重新翻修皇宫，当时准备把樗里疾的墓移走，然而打开墓穴后，墓碑上写着“杨花谢，李花开”几个大字，隋文帝认为寓意不祥，立刻命人保护大墓，不得再行搬迁之事。也因为这个故事，樗里疾被后世风水学所推崇，尊他为“樗里先师”。

清朝、民国年间，讲武殿曾分南、北、中三个村子，后来中村消失，另外两个村子延续下来。如今，空荡的讲武殿仍然存留着历史的庄严，这里有汉高祖的三尺长剑，有宇文觉的王朝政变，还有樗里疾的临终遗言。后人目之所见，只留下村中的袅袅炊烟；史书的片语只言，无端留步于夯土面前，想来时光已然过去千年。

华胥镇

中华始祖发源地

距今八千至一万年前，在西安市蓝田县，一位蛇身人首的部落女首领在山中游玩时，无意间踩到地上雷神的大脚印而有孕，怀胎十六个月（一说十二年），生下一男一女，取名为伏羲和女娲。两个孩子后来成为华夏民族的人文先祖，而他们的母亲叫作华胥，被尊称为中华民族的“始祖母”。

华胥在上古时期，建立了一个母系社会的部落，史称“华胥国”，她带领着部族不断迁徙，开创了中国的农耕文明以及渔猎文化。关于这个国家的情况最早出自于《列子·黄帝篇》，距今四千多年前，黄帝统治时期，有一日，黄帝梦游至年代更久的华胥国，这个国家没有统治与被统治的分别，百姓安居乐业，不厌恶生死，不考虑爱憎，没有畏惧，也没有欲望，一切顺从自然。黄帝梦醒后，把华胥国当作自己治国的最高理想。有一种说法，“华夏”“中华”等词中的“华”，就是华胥的意思。华胥国后来灭亡于一场大水灾，水灾之后只剩伏羲、女娲两人。兄妹二人被困于蓝田一座山上，为了华夏的延续，他们结为夫妇，后世为了纪念，在山上修建了“人种庙”，后改为“人宗庙”。

华胥的出生地历来有多种说法，而根据《竹书纪年前编》《拾遗记》《蓝田县志》记载，华胥出生于蓝田县华胥镇孟岩村。村子的旁边叫作“华胥沟”，华胥沟的另一边是宋家村，相传是华胥生下伏羲的地方。这里曾经有一座三皇庙，庙中有石碑记录此事。华胥陵位于蓝田县华胥镇孟岩村，无论是史书记载，还是民间传说，华胥陵只此一座。陵墓高二十多米，周围分布着女娲堡、人宗庙、华胥窑、画卦台等多处遗迹。自古以来，官方和民间在每年农历二月初二时，都会祭祀华胥陵，缅怀始祖，传承文明。民国时期，因为战乱，祭祀活动停止。新中国成立后的“大跃进”时期，华胥陵破坏严重，石碑、祭坛、陵墓的封土均被严重毁坏。2006年，官方恢复农历年在龙抬头日祭祀中华民族的始祖母华胥的传统。

人说：“祭天地神明，拜宗祠先祖。”华胥的故事把今世的我们和生生不息的根脉联系在一起。那个远古的部落，在一位女性的带领下，走过黄河，翻过秦岭。当她抬头望向天上的繁星，蓝田月明芳华，一如古今，华夏血脉传承，碧血丹心。那个久远的文明正由远及近，陈说着今天的孟岩村，仰望着古老的华胥陵。

古迹岭

唐朝的官方刑场

公元877年，王仙芝和黄巢起义军与唐王朝激战，摇摇欲坠的唐王朝发动各地武装抵御叛军，同时许以高官厚禄来瓦解义军的军心。王仙芝权衡之下，接受了唐王朝的招安，派出心腹大将尚君长、蔡温球去往长安。途中两人被朝廷的官员截获，官员为了贪功，谎称两人是叛军战俘，朝廷将尚君长等人在长安城古迹岭斩首。

古迹岭，今西安市碑林区东关南街东南边的一条小道，唐朝的时候叫作“狗脊岭”，这里是龙首原的一条支脉，一千多年前形成，地势高出周边很多，中间好似一条狗的脊梁，故得此名。狗脊岭的南边是唐朝的东市，当时，唐帝国的东市、西市是两个巨大的国际贸易中心。东西方的商人均来此做生意，长安城百万人在这两个市场购物，商贾云集，人来人往。不过，狗脊岭这个地方的作用却跟商业无关，乃是大唐的刑场，重要的犯人均要在此处决。尚君长等人在这里被杀，就是给起义军传递信息，起到威慑的作用。史书记载，唐武宗年间，山西叛军杨弁等五十余人被斩杀于此。

由“狗脊岭”演变成今天的“古迹岭”有两种说法：一是这一带曾经自然生长过枸杞，常有药房的人和百姓前来采摘，时间久了，大家就把这里叫作“枸杞岭”，后转化为“古迹岭”；二是唐朝古迹岭属于一百〇八坊中的胜业坊，胜业坊内有胜业寺、修慈尼寺和甘露尼寺。唐睿宗的长子宁王李宪在这里修有山池院，唐玄宗朝建平公主居住于此。此外，武则天朝宰相杨再思、唐睿宗之孙济阴郡王李嗣庄均在此居住，所谓名人汇聚，古迹甚多，而“狗脊岭”的名字确实不太雅致，后人就将地名谐音改为“古迹岭”。明朝，古迹岭周围逐渐形成居民区。再往后，古迹岭一带逐渐开辟成道路，建成密集的居民区。到了民国，这里统称为“古迹坊”，“岭脊”陆续被铲低、铲平，现在目测已经无法判断这里地势的高下了。

寒气逼人的屠刀和香火不断的佛寺，在古迹岭并存；名满天下的东市和狭窄短小的巷子，亦在此交替；公子皇孙与王朝叛军又何曾不在同一个历史时空？岭上的枸杞红了多少岁月，地名志里的记载又临摹了几处年华？山有峰顶，岭有脊背，人生有彼岸，前路有回转，城市的传说没有逝去，它只是偶尔从我们的传承中消失，藏在一条小巷里，然后慢慢改变长安城的面貌。

祭台村

『不学瓦岗一炉香』出自于此？

唐太宗李世民驾崩后，葬于咸阳市礼泉县的昭陵。其子唐高宗李治继位，为了表示对父亲的追思，他在长安城东南地势较高的地方修了一座祭台，方便登高远望昭陵，寄托哀思，后来有人在周围居住，形成村子，叫作祭台村。

今西安市碑林区太乙路旁的祭台村，源起汉朝，至今有两千多年历史。唐朝时这里属于一百〇八坊中的安邑坊，安邑坊中有一座原法寺和太真观，唐代宗朝权倾一时的宰相李辅国便住在这里。此外，唐玄宗朝名妓李娃的住宅也在这里，唐朝传奇小说《李娃传》中讲述，常州官宦公子郑元和到长安参加科举，遇到名妓李娃，两人陷入爱河，荒废了学业，误了科考，花光盘缠的郑元和不惜去殡仪馆给人写悼词、挽联，甚至流落街头。走投无路时，李娃悉心照顾，变卖家产，让其重整旗鼓，考取功名，后二人白头偕老。

祭台村起源的另一种说法出自于隋朝，隋文帝修建大兴城的时候，由于面积宏大，很多百姓及贵族的坟墓纷纷被迁到延兴门外，百姓在祭祀的时候，要走出大兴城。唐朝时候又实行宵禁制度，城门和坊门定时关闭，为了方便百姓祭祀祖先，便在此地统一修建祭台，供老百姓清明或是日常祭祀祖先，唐朝之后有了村落，故名“祭台村”。

还有一种说法发生在北魏，当时这里聚集的是羌族，羌族人修建祭台，祭祀自己的图腾，故名“祭台村”。当然这里也有很多民间传说，《隋唐演义》中，九省绿林总指挥单雄信的大名天下皆知，他与秦琼、程咬金、李勣等人在瓦岗寨结为异姓兄弟，掀起了一波隋末起义的高潮。后来瓦岗起义军连遭挫折，内斗不断，人心涣散，秦琼等人投奔李世民，单雄信被王世充招致麾下。在战场上，曾经的瓦岗兄弟相互厮杀，李世民打败了王世充，单雄信被活捉，昔日兄弟秦琼、程咬金、李勣等人纷纷为其求情，愿以富贵换取单雄信的性命，但单雄信宁死不降，被斩杀于西安城东南。秦琼等人在此设祭台，才有了后来的“祭台村”。后人用“宁学桃园三结义，不学瓦岗一炉香”来表现桃园结义的忠诚，瓦岗英雄的背叛。

百姓的祭台是为了传承，羌族的祭台是为了信仰，唐高宗的祭台是为了孝道。至于隋唐英雄的那段传说，秦琼设立的那方祭台，是为了祭祀江湖中逝去的义气。秋寒至才知风雨有力能蚀骨，兄弟散方悟结拜一场诉衷肠。瓦岗起义终究是江湖之远，桃园结义才被立为庙堂之高，殊不知，瓦岗是真实的人生，桃园是理想的江湖，人生的蝇营狗苟就在眼前，而江湖离我们太远。

三府湾

唐睿宗的住宅改造工程

公元705年，太子李显、宰相张柬之等人发动“神龙政变”，逼迫武则天退位，太子李显即位。政变结束后，武则天的第四子李旦因率禁军诛杀其余党羽有功，被封为宰相，同时加封为“安国相王”。

五年之后，李旦当上皇帝，史称唐睿宗。他将目光锁定在长安城东边的长乐坊，这里是他做皇子时居住的宅院，他要在此大兴土木，修建一座大安国寺。寺的名字是根据他曾经的封号“安国相王”而来。唐睿宗把一颗稀世宝珠赠送于寺内，据说这颗宝珠非常神奇，军营中每次行军打仗缺水时，主将就把宝珠埋藏于地下，便有地下水涌出。大安国寺的僧人不信，当场验证，果然有甘泉流出，众人惊讶不已。

李旦的儿子李隆基继位后，又以寝殿的木材修建安国寺的弥勒殿。此后，唐宪宗又将大安国寺加以修复。直到唐武宗年间，进行了轰轰烈烈的灭佛运动，大安国寺被毁，但在唐懿宗年间又重建。唐朝之后，大安国寺消失在历史中。1959年，此处曾出土十一尊佛教密宗造像，而大安国寺所在的位置，就是今天西安市的三府湾。

关于三府湾这个名字的由来，流传最广的说法是：唐朝时三府湾是三位府台大人的花园，因为三位大人平时忙于政务，找了一位叫王凹的管家来打理这片花园，这里被人称作为“三府凹”，在关中话中，“凹”读作“wā”，所以后来谐音为“三府湾”。王凹后来犯了重罪，满门都被诛杀，他死后被埋在三府湾东边的地方，后人就把这里叫作王家坟。这个说法有些问题，其一，唐朝长安城分一百〇八坊，这里属于长乐坊，根据《唐两京城坊考》记载，长乐坊内并无高官的花园；其二，“府台”这个官职是明清时期的地方军政官员，唐朝并没有这样的称呼，所以“三府凹”的说法要么是谣传，要么是明清的故事搬到唐朝。三府湾历史上以盛产树木出名，清朝和民国年间，这里被叫作“三树凹”和“三树湾”。

今天的三府湾位于西安市新城区，人们熟知的是一趟趟发出班车的客运站。车水马龙载走了唐朝大安国寺的钟鼓声，也载走了扑朔迷离的前尘往事。如今熙熙攘攘的三府湾，繁华堪比大唐盛世，人们总是自以为看过世间沧桑，说着伤今怀古的言语，感叹寂寞流年，其实历史从来都是静静地留在那里，不问过往，世间沧桑怎抵得上长安城每日的那一抹朝阳。

洒金桥

皇帝大把撒钱的地方

唐玄宗年间，国富民强，四方来朝，据说国库的钱财堆积如山。唐玄宗有一次心血来潮，在太极宫广运门大摆宴席，请文武大臣在城门下等待，过了饭点，迟迟不见皇帝宣召，大家饥肠辘辘，又不敢询问。此时，唐玄宗在城门之上哈哈大笑，命人将国库里各国进贡的金币倾泻而下，群臣一阵哄抢之后谢主隆恩。广运门是隋唐长安城宫城西南门，所在位置为今天的洒金桥一带。

西安市莲湖区的洒金桥，远近闻名，全长八百米。洒金桥这个名字的来源很多，相传宋朝的时候，这里住着贩卖木材为生的李家三兄弟，一天夜晚，三兄弟推车回家，有一大石挡路，大哥上前去搬，石头纹丝不动，三兄弟合力才移开大石，平安归家。第二天，兄弟三人返回路上，发现昨夜挡住他们的并不是石头，而是一大块金子，三兄弟便称这里为洒金桥。

另一个传说来源于秦腔《拾黄金》，讲述的是一个叫“胡来”的人，好赌成性，导致家庭败落，沦为乞丐。一天晚上，城隍爷见他可怜，托梦送给他黄金一锭，胡来醒来，捡到一个包裹，欣喜之下以为自己苦难的人生即将过去，一番折腾后，不曾想包裹里竟是一块砖，空欢喜一场。这个故事据说就发生在洒金桥，不过戏曲不能作为正史看待。

还有人说，清朝的时候这里有“沙”姓人居住，且街上有桥，故名“沙家桥”，后来误传为“洒金桥”。还有人说，民国时期，这里住着一位大地主，古道热肠，在此地撒钱救济穷人，因此得名。根据官方地名志记载，明清时期这里确实有一座石桥，官方引潏河水经通济渠进城，为城内的百姓提供生活用水，渠水从洒金桥下流过，后来这座桥被拆除，但是名字却保存了下来。这条道路历史上几易其名，曾叫作铁炉坊、前卫路、老关庙等名字，1966年这里改名为前卫路中段，1972年恢复原名。除了历史故事和传说，洒金桥这条路上还有宋代的云居寺，明朝的两座清真寺，历经数百年，依然矗立于此。

如今的洒金桥，已然变成美食者的天堂。美食是文化的另一种传承，每一句店家的叫卖声都和时空萍水相逢，又是你我平凡人生的热情慰藉，尝尽烟火的味蕾，定格在回坊的街道上。那些散落的唐朝金币，那些戏曲中的黄粱一梦，传说里的兄弟一心，都在这样一条看似普通的道路上留存，长安给了洒金桥千年的面容，而洒金桥陪伴长安走过每个春夏秋冬。

胡家庙

比萨起源于西安？

从古至今，华夏民族有三大崇拜，即自然崇拜、神灵崇拜和祖先崇拜。祖先崇拜随着儒家思想的深入，绵延至今，其构建出来的道德体系、法律系统，深得君王和百姓的推崇。祖先崇拜首先是一种孝道的展示，一般会设有祠堂和家庙，西安东郊的胡家庙，便是祖先崇拜留下的地名。

关于胡家庙这个名字的起源，有多种说法。第一种说法是唐朝安史之乱爆发后，叛军很快攻到长安城，唐玄宗仓皇逃走。一位姓胡的官员带着家丁和部下奋起反抗，叛军进城后将这位姓胡的官员及全家杀害。后来唐军收复长安，为了纪念这位官员的忠烈，为其修建家庙供奉，百姓称之为“胡家庙”。第二种说法是相传明朝时期，一位叫胡大海的外地巨富，在家乡吃了官司，为避祸患，携老扶幼来到西安，在城东购置了一处地产，修建了一座很大的家庙，供奉祖先，就有了胡家庙这个地名。第三种说法是在明朝，西安城东形成村子，主要姓氏为陈姓，是从湖北省阳新县迁移来的，村子的南边有一座观音庙，因观音菩萨由胡人传入中土，故称胡家庙。

第四种说法起源于元朝，元世祖忽必烈将自己的第三个儿子忙哥剌封到奉元城（西安）做安西王，奉元城的王宫在今天西安城东北方向约三千米处，王宫恢弘，里面遍布花园和鱼池，琉璃建筑上装饰着金叶。在安西王府门前，有一条热闹繁华的大街，叫作胡家街，有很多西域胡人在此经商，后来演变为“胡家庙”。同时期的意大利旅行家马可·波罗曾来过西安，并在游记里记载了当时安西王府和胡家街的盛景。相传马可·波罗还在西安吃到了肉夹馍，觉得十分美味，回国后时常嘴馋，并亲自动手制作，因无法掌握精髓，索性将肉放在饼上烤熟了吃。肉夹馍的制作中，有一道程序是用刀将馍劈开再加肉，所以，他给新发明的美食取名为“劈杀”，后人根据他的做法，再加上水果、蔬菜、奶酪等食物，演变成今天的比萨。

胡家庙还有一种说法，明清时期至民国，这里的村子东口有无量庙，西边有马王庙，东北边有一座大庙，这座大庙据说就是胡家庙。时过境迁，如今我们再提起胡家庙，想起的是20世纪50年代的工业区、之后的蔬菜市场。谁的家庙已无可考证，谁的王府又成了遗址，记忆像王府的宫墙，随着时间的推移，浮华褪尽，裸露在风中，直到消失殆尽。只在文字的记载里还存着那一世的孤傲，载着历史的苍老。

春明门

刘禹锡在这里写下名句

公元829年三月，长安城春明门外，诗人刘禹锡正在送别好友令狐楚。令狐楚的一生起起落落，唐宪宗年间被贬外地，唐文宗时被召回长安担任户部尚书，没想到仅仅半年，又被调往洛阳做闲职。当时都以京官为荣，年过花甲的令狐楚这一去，顿感归期无定，刘禹锡写下了“莫道两京非远别，春明门外即天涯”的句子。

春明门是隋唐长安城外郭城东边偏北的城门，“春”在甲骨文中本意是万物复苏、春回大地，“春明”的字面意思是“春光明媚”，这里指的是唐王朝的京城长安。由春明门进入，便是长安城六条主干道之一的春明门大街，街北边有大唐的兴庆宫，南边有隋唐时期的东市，隋朝和初唐，从东边来朝拜的官员和外国使者从这里去往太极宫；春明门外，有祭祀太阳的日坛、祭祀炎帝的帝社坛、祭祀东方天帝的青帝坛、祭祀主管自然灾害的九宫贵神坛。此外，汉朝太子太傅萧望之的墓也在春明门外，可能是有这么多有关神鬼的建筑，所以《闻奇录》中记载，唐僖宗年间，户部侍郎郑昌图在长安居住，睡觉时曾梦见自己走出了春明门，在门外不远处的石桥上丢了一只鞋，怎么也找不到。等他梦醒后，往床边一看，果然少了一只鞋。

唐玄宗年间，为了方便通往大明宫和芙蓉园，以春明门为中心，沿着外郭城墙修了一条“夹城”，这是帝王和皇亲国戚才能走的御道。唐玄宗曾带着宰相杨国忠，宠妃杨玉环、虢国夫人、秦国夫人等在天宝年间的上巳节，由春明门夹城去往曲江游玩，场面盛大，观看者人山人海，诗人杜甫将这件事写进诗歌《丽人行》中。晚唐诗人杜牧同样在曲江，目睹了大唐的衰落，想起盛唐的场景，写下了“六飞南幸芙蓉苑，十里飘香入夹城”的诗句。安史之乱时，唐玄宗仓皇出逃，皇亲贵族乱作一团，只有太监曹大仙带人在春明门外不断击鼓，并放火来吓退叛军，但螳臂当车的太监未能阻止叛军攻破春明门进入长安城。晚唐时期的黄巢也是从这里攻进长安城，唐僖宗步唐玄宗后尘，弃城逃往四川。

唐昭宗年间，军阀朱温挟持皇帝迁都洛阳，长安城大部分建筑被毁，随后驻守长安的韩建放弃了外郭城，春明门从此灭迹于史书中。今天，咸宁路和东二环十字偏东便是隋唐时期春明门所在地。我们在这里找不到千年前的痕迹，消失的夹城，带走了盛唐的公子王孙，应是昔日的长安再难相见，许得曾经的枯木不再逢春，城门亦不再留存。春明门外，是大唐之后的烟花易冷，是明清两朝的寻常古村，也是刘禹锡笔下那个即将远去的天涯离人。

安史之乱让唐王朝由盛转衰

唐朝宫女，朱颜辞镜花辞树

金花路

唐朝宫女的最终命运

1900年，八国联军侵华，慈禧太后携光绪皇帝仓皇出逃，一路逃到西安，这座千年古都迎来了没落清王朝的最高统治者。慈禧太后从西安东郊进城，突然传来一阵骚动，喊声连天，慈禧太后惊慌失措，以为八国联军赶到，催促车夫前行，连头上的金花掉落也没察觉。后来发现是当地的民间戏剧团在演出，虚惊一场。老百姓笑称："金花落，金花落，金花落在黄土窝，百姓看得乐呵呵。"因为此传说，当地取名为"金花落"，后来就有了金花落这个村子。

东二环金花路，西安城东南北走向的主干道，为1955年拓建。这里的传说还有另一个版本，相传慈禧太后到了西安，还是从东边进入，两边的百姓争相观看，场面很热烈。慈禧太后想测试一下西安的民风是否淳朴，就顺手把头上的金钗取下来，扔到老百姓的队伍中，随后跟着当地官员去八仙庵烧香了。金钗掉进人群中，被一个普通民妇捡到，民妇家贫但心地良善，将金钗交到县衙，县衙呈给慈禧太后，太后十分欣喜，便把她丢金钗的地方赐名为"金花落"。

金花路的来源还有两个说法。根据隋唐长安城的建制，金花路所在的位置属于兴庆宫。兴庆宫是唐朝的第三个皇宫，是盛唐时期唐玄宗处理朝政和休息的地方。唐玄宗朝国力强盛，玄宗皇帝后宫也很充盈，全国各地的佳丽像选秀一样涌入兴庆宫，有人中选就有人落选，落选的女孩离开宫中，飘摇在红尘中不知芳踪。宫中的人便将皇帝选妃的地方称为“金花落”。还有一种说法，金花落这里曾经是兴庆宫的一部分，叫作“掖庭宫”，是宫女居住和犯罪官员女眷劳动的地方。掖庭宫分为三个部分，中间的部分是宫女的住所，最多时超过四万人，这些宫女年纪轻轻就待在深宫，终身不能嫁人，年老体弱后便住在掖庭宫直到油尽灯枯，此地便叫作“金花落’，意味着宫女的人生如花般凋零。

唐朝之后，兴庆宫被毁。金花落在元朝曾修过一座圆通寺，后来变成金花落村。人说女孩笑靥如花，本以为此生繁华，奈何入得深宫，始觉人生如梦；无论是归还宝钗的民妇，还是掖庭宫的苦雨秋风，如今都在东二环金花路上相逢。道路行人匆匆，花朵岁岁枯荣，往事几人能懂，皇宫红墙转头成空。

浮沱

来自草原的地名

西安市有七处和“浮沱”（不同之地写作“滹沱”或“乎陀”）有关的地方，分别是未央区的“浮沱寨”和“马浮沱”，雁塔区的“沙浮沱”和曲江新区的“金浮沱”，还有鄠邑区的“扶托村”以及周至县、蓝田县的“浮沱村”。这些地名和西安其他地名格格不入，其名字起源也众说纷纭。

“浮沱”是“滹沱”的简写，最早出现在《山海经》“太戏之山，滹沱之水出焉”，讲的是发源于山西的一条河流。“浮沱”在后来有三种意思：一是表示河水或者雨水到处流淌；二是表示守陵人居住的地方；三是起源于蒙古语，原意指的是草原民族的“水井”，传到中原后，解释为“水边的村寨”，这是目前学术界公认的说法。跟第二个意思有关的说法是大雁塔南边的金浮沱，曾经埋葬着明朝朱元璋的四世孙汧（qiān）阳王朱公鏳（zhēng）的陵墓。1999年，有人举报陵墓被盗取，考古队员进行抢救性发掘，墓室结构保存完好，出土了大量陶俑。但是金浮沱地名的起源跟这座明朝王子的墓无关，因为这里北宋年间就有村子，其地势较低，有流水汇集在村南，所以被称为“金盆洼”，后来才改名为“金浮沱”。因此，守陵人的这种说法在西安很难找到佐证。

元朝统治结束后，一部分“浮沱”的地名根据谐音变成“胡同”，还有一小部分保留下来。未央区的浮沱寨因为地势低洼，有水经过而得名，村里世代经营豆腐，据说慈禧太后到西安避难时，就对浮沱寨的豆腐赞赏有加。马乎沱村同样是因为有河经过，这里的水有可能是汉长安城或隋唐禁苑遗留的水源。村子起源于元朝，本来叫马家壕，后来根据水源改名“马乎沱”。雁塔区沙浮沱村的西边有唐朝的运粮河，河流干涸后，泥沙堆积，故称沙浮沱。

鄠邑区秦镇的扶托村，是一支从山西滹沱河旁边迁移过来的居民，起初取名为“浮沱村”，后来为了抵御山贼土匪，修建武装设施，取名“浮沱堡”，后来谐音转化为“扶托村”。1981年，西安市将几个带有“浮沱”的地名写法统一改作“乎沱”。

浮沱的村子承载了草原民族的习俗，也延续了中原文明的传承。曾几何时，这里的人们在水边静沐暖阳，而水草丰美处是他们的故乡，洗净的长安风清月皎，冲刷的顽石玲珑剔透。人说陌上春归，水边人远，烟波渺渺是地域的变迁，铁骑声声是远去的蒙元，守陵人感叹时光过得太慢，老佛爷又有多少美食在舌尖？明朝的藩王消失不见，只有村中的故事代代相传。

西南城墙角楼

我是圆的，你们都很方

西安有目前世界上保存最完整的城墙，距今六百多年，如若登上城墙，眺望城市，可一舒怅然之气。很多人转一圈发现西安城墙东北、东南、西北角角楼均是方形，只有西南角角楼是圆形，当时修建的时候是有意为之还是无心插柳？

目前西安城墙起源于隋唐长安城，当时长安城分为皇城、宫城和外郭城，皇城、宫城的城墙就是今天西安城墙的前身，唐朝末年到之后的宋、辽、金、蒙古时期常年战争，长安城墙被毁所剩无几。据《明实录》记载，明朝西安修筑城墙的时候，西边和南边大部分沿用唐皇城旧址修筑，南边刚好有一处圆形基台，这就是为什么城墙西南角楼是圆形的第一个原因，称之为“隋唐继承说”。

关于城墙西南角是圆形的第二种说法，相传西安城住着一个王姓的老太太，老太太的儿子和儿媳不孝，将她扫地出门，老太太饿死街头。当地官员严惩不孝子，将其斩杀在西安城西南角，后来修筑城墙的时候，特意将此设置为圆形，表示这个不孝子不能方方正正做人。这个说法称之为“民间孝道说”，明显是虚构的，明朝国家工程肯定不会因为民事纠纷而决定。

一部分风水学家认为，古人认为天圆地方，天上星象和星辰是移动的，移动需要有轴心，城墙的设计以西南角为轴心进行延伸，故此为圆形，其他为方形，符合天圆地方的概念。这是城墙西南角是圆形的第三种说法，“风水概念说”。

据说元朝曾在西安修有城墙，为了体现蒙古元素，在城墙西南角设置为圆形，象征着蒙古包。明朝重新修建时，在拆除元城墙的时候，总是出现事故，人们开始传言，这是蒙古大汗的诅咒，也就没人再动圆形的城角了，这是城墙西南角是圆形的第四种说法，“大汗诅咒说”。

第五种说法，有野史记载，朱元璋建立明朝后，谋士刘伯温和姚广孝商议许久，拿出一份修筑方案递交皇帝，方案中的设计仍然沿用传统的方式，将城墙定为方形，朱元璋寻求创新，要求手下不要墨守成规，刘伯温和姚广孝领会圣意，将各地西南城墙随即改为圆形。当然这“野史传闻说”的故事太过随意，也不足为信。

第六种解释是地质学家提出的，西安是黄土地貌，水土流失致使西安有众多东西走向的地裂缝。其中刚好有条裂缝从西南城角下经过，最早的方角楼一经大雨天就会坍塌，因为地基不稳。后来工匠做成圆形，类似于石拱桥的原理，才不会坍塌。

一座有了年岁的城墙就像人的一生，用无数个青翠的日月堆砌而成。每座建筑都隐藏着设计者的思考、统治者的理念，历史弥漫着轻烟，回首已然六百多年，传说亦真亦幻，城角可方可圆，千回百转，沧海桑田，只是真相渐行渐远，迷雾年复一年。

桥梓口

周公为何三次痛打儿子？

西周初年，周公辅政，他的儿子伯禽三次去找他，被周公痛打了三次，而且没有缘由。伯禽十分郁闷，去找商子抱怨，商子说："终南山有一种植物叫桥木，北边有一种植物叫梓木，你去看一看这两种植物。"伯禽老老实实去山上找寻这两种植物，详细记录它们的形态和特点，回去找商子。商子说："桥木长得很高，树是仰着的，代表着父亲；梓木长得很低，树是垂下去的，代表着儿子，这就是父与子的道理。"伯禽顿时明白，再去找父亲周公，一进门就跪倒在地，恭恭敬敬地服侍父亲，周公很满意，称儿子已经成为君子了。这个故事记录于《尚书·梓材》。

今天西安市莲湖区，有一处地名叫作桥梓口。关于这个名字的起源，除了上述儒家"桥梓"表示父子之道外，还有两种说法。根据《长安县志》记载，明朝成化年间，为了解决西安城内的用水问题，政府开凿通济渠，通济渠从西安城的西门城墙进入城内，然后沿西大街向东引水，通济渠在西大街是暗渠，修在地下，渠上以石板、木板来作为遮盖，每隔十家，便留一井口供居民取水。通济渠经过西大街与古含光门街相交十字时，在路面上架一座桥，"桥梓口"的名字由此而来。

关于桥梓口的第三种说法与钟楼有关，明朝最早修建的钟楼在北广济街上。明朝神宗年间，时局动荡，陕西巡抚龚懋贤命长安、咸宁两个县的县令将钟楼搬迁至今天所在的位置，因为工程量浩大，很多设备建材无法顺利搬运，长安、咸宁两个县的县令在西大街上修了一座木桥。木桥西端就是今天桥梓口所在位置，东端就是搬迁目的地，整个木桥东高西低，大型木材可以缓缓运上钟楼，此地根据这座木桥得名“桥梓口”。

老西安时期的桥梓口，其实分为两段，位于西大街以北的部分称为北桥梓口，西大街以南的部分是南桥梓口。清末民初，北桥梓口改名为大麦市，人们便将南边称为桥梓口了。现在的桥梓口在唐朝属于皇城的范围，所在的位置是秘书省（古代管理国家藏书的机构）和司农寺（古代管理粮食储备的机构）。1966年，桥梓口曾改名为前卫路南段，1972年又恢复了桥梓口的名字。

三千年前儒家的父子之道，四百年前钟楼的搬迁工程，都留在了桥梓口的历史中。我们都是时间的过客，穿梭在历史的迷宫里，在一个又一个的路口中相遇和分离。时间对于将逝去的历史与它应付般匆匆握手，我们再回头，桥上的历史渐行渐远，地下的渠水若隐若现。

东稍门

消失的城防哨所

西安城分布着各类城门。这些城门中，明朝以后的建筑基本还能看到，西汉和隋唐的城门已经只剩地名。城门的名字一般都具有特殊的意义，而西安城有三个带“门”的地名，非常特别，分别叫作“西稍门”“南稍门”“北稍门”。“稍门”是什么意思？为什么没有“东稍门”呢？

一切要从一个叫朱升的人说起，他是明朝的开国大臣，在史书上留下一句劝谏朱元璋的名言：“高筑墙，广积粮，缓称王。”朱元璋对这样的国策深信不疑，并且践行。西安作为西北的要塞，位置极为重要，朱元璋派二儿子朱樉（shǎng）来此做秦王，也因此开始了“高筑墙”的日子，我们现在看到的西安城墙最初只有四个城门，分别取名为“长乐门”“安远门”“永宁门”“安定门”，四座城门合起来为“长安永定”，反映了统治者的美好愿望。

时间来到了明朝晚期，时局动荡，对于统治者来说，需要严加防范各地起义。1582年，钟楼由广济街口整体搬迁到今天市中心的位置，以方便瞭望全城。此后，又在城墙的外边修建了一圈外郭城，外郭城将整个西安城墙包围起来，外郭城东、西、南、北各有一座城门，称之为“东哨门”“西哨门”“南哨门”“北哨门”，“哨”

就是哨所的意思，这四个名字后来误读为“东稍门”“西稍门”“南稍门”“北稍门”。所以，其实是有“东稍门”的。清朝晚期，慈禧太后躲避八国联军入侵逃到西安的时候，就是从东稍门进入西安城的。

东稍门所在的位置在今天鸡市拐一带，整体位于今天长乐坊和兴庆路交界的丁字路口以西，靠近市三中，那里有个小坡，以前东稍门的门楼就立在那儿，东稍门的城墙北端大致到现在的北火巷北端，南端大致到现在的兴庆公园北门附近。

随着时间的推移，西安城墙保存下来，但是外郭城被毁掉，留下四处地名，其他三处都是笔直的道路，唯独东关有块高地，行人车辆无法直接通行，需要向北拐到八仙庵，迂回一下。20世纪60、70年代，东稍门在改造中消失了。“东稍门”的名字也就渐渐被淡化了，现在你在地图上是查不出这个地名的，但有些老人还习惯性地称为“稍门里，稍门外”。

多年以前，“高筑墙”的策略留下了城墙现在的模样，长安城的日光依旧明亮，东关正街的道路变得空旷，城市太新而故事已旧。昔日东稍门的城墙，连同明清的砖瓦墙，是梦里到过的远方；外郭城哨所的守防，慈禧逃难的慌忙，都交给了遥远的时光。稍门外变成了无名的村庄，稍门里变成了久居的深巷……

人面鱼纹盆，半坡出土，现藏于国家博物馆

今西安市永徽路、八里村、含元殿等地皆有唐高宗李治的故事

圜丘坛，称为“天下第一坛”，隋唐皇帝祭天之地

颜真卿，唐代书法家，今西安市颜家堡路、碑林等地均有他的故事

历史遗迹

The Chang'an story

半坡

奥运会吉祥物的设计灵感来源于此

1953年，西北文物清理队在西安浐河东岸的二级阶地上发现了一处遗址后，火速上报，中国科学院考古研究所立刻进行了调查，查证后派考古学家石兴邦先生主持考古发掘。当时正值国家举行第三届考古工作人员训练班，石兴邦先生正好把浐河东岸的遗址作为田野实习基地，带着队员开始发掘，一段跨越六千年的历史画卷被徐徐展开。

从1954年开始，考古工作历经四年，进行了五次大规模的发掘，从出土的文物判断，这是一处新石器时代仰韶文化（1921年河南省三门峡市渑池县仰韶村发现距今七千年至五千年的遗址，后统一把黄河中游地区新石器时代的遗址称为仰韶文化）聚落遗址，考古队员将这里命名为“半坡”。1956年陈毅元帅来西安参观了正在发掘的半坡遗址，国家文物局认为这个遗址非常重要，就向陈毅元帅建议修一个博物馆，后获得批准。国务院下拨30万元建馆费，陕西地方也拨了5万元，1958年4月1日，半坡博物馆正式建成开放。博物馆里面的高台上，是郭沫若先生题写的“半坡遗趾”四个大字，他故意将“址”写成“趾”，象征着人类文明从远古走到现在。半坡博物馆也是中国第一座史前遗址博物馆。

半坡村落遗址呈椭圆形，北边是氏族墓地，南边是居住区，东北部是制造陶器的窑厂。为了抵御野兽和外敌，半坡人修建了防御工事大围沟。居住区最大的房子有120平方米，可能是氏族首领召集众人议事的地方。从墓葬的发掘情况来看，没有男女合葬，所以半坡人实行族外婚，属于母系氏族群落。男女白天在各自氏族劳作，晚上男方到配偶氏族过夜，这种关系很像走婚，一般保持数月到数年，直至孩子出生才离开，所以奶爸是不存在的。孩子出生后，舅舅会成为最忙碌的人，除了看娃，还要教他从小打猎、捕鱼等技能。

半坡人已经拥有了很高的陶器制作水平，现保存于中国国家博物馆的人面鱼纹彩陶盆便是其代表作之一。2008年北京奥运会吉祥物的设计者吴冠英先生，曾以此为灵感，设计了福娃造型。目前半坡博物馆的镇馆之宝是人面网纹盆，关于这两件文物目前学术界还没有达成共识，有说是图腾崇拜，有说是权力象征，有说是灵魂轮回，还有说是祭祀活动所用。

和那些饱经风雨的遗址相比，半坡更像一个世外桃源，被中外游客誉为“华夏第一村”。村落的轮廓历然，陶罐的彩纹可见，前世的骨骸，成全后人的凭吊与赏看。六千多年前的半坡，今日望骊山，明日看浐河，夕阳里静静的村落，族群中暖暖的炉火，围沟中的水缓缓流过，人世间的文明又经历了几许起落。

楼观台

道家七十二福地之首

庄子曾称尹喜（*一说尹是官职，喜是名字*）为“古之博大真人”。因为尹喜当时是东周函谷关的关令，自幼博览群书，平时除了驻守城防，还在西安市周至县终南山下结草为楼，以方便观察天象。在楼的南边有一座高台，尹喜在此常常给众人讲述一本经典名著，而写名著的这个人更是青史留名。

春秋时期，函谷关关令尹喜见东方紫气袭来，知道有大人物降临，过了不久，老子骑青牛至函谷关。尹喜隆重接待，并邀请老子著书立说，老子欣然允诺，留下五千余字的《道德经》，随后离开，不知所终。此后，尹喜辞去官职，在终南山下向世人讲述《道德经》（*一说老子也曾在此讲经*），因此这里得名“说经台”。春秋战国之后，这里受到历代统治者的高度追捧，秦始皇、汉武帝纷纷来此拜谒老子，并在楼观台附近建望仙宫。其后，晋惠帝司马衷先后两次大修楼观；北魏时期，道教最早的派别之一“楼观道”在此诞生，为天下道教正宗；隋朝的时候，隋文帝杨坚亲自从长安到楼观台祭拜，并号召文武大臣学习《道德经》。

唐朝建立后，高祖李渊为了提升“李”姓的地位，追封老子李耳为元祖，并多次来此祭拜，道教也成为唐朝初期的国教；唐高宗李治封老子为太上玄元皇帝，老子的地位达到顶峰；唐玄宗时期，李隆基在华清宫梦见老子显灵，便在骊山上修了一座老君殿，并把楼观台的老子玉像请回兴庆宫供奉。

楼观台旁，有一座玉华观。唐朝开元年间，大诗人李白就是在这里经人引荐，和唐玄宗的妹妹玉真公主相见，并且赋诗两首，惊叹玉真公主宛若天人。宋仁宗年间，文学家苏轼曾因为公务来到楼观台，游历半月而归，留下过诗篇。此外唐代欧阳询、宋代吴琚、元代赵孟頫等著名书法家都在此留下过墨宝。元朝初年，楼观台毁于战火。元朝太宗年间，掌管全真教的尹志平到了楼观台，让全真教道士李志柔出任楼观主持，并在元朝政府的大力支持下，历时七年重修楼观。

明清之后，因为地震和自然灾害，楼观台大部分建筑被毁坏，一直到20世纪90年代，楼观台景区才重新开发。2010年前后，景区恢复了大部分建筑。如今说经台上，“道可道，非常道”的句子时常被人读起，老子手植的千年银杏树，处万物之中而不争；三清殿中，太上老君像世代供奉；迎阳洞中的汉钟离，吕祖洞中的吕洞宾，和楼观台一样历经千年，历史各复归根，周而复始，就像天下万物生于有，而有生于无。

秦二世陵

以百姓之礼下葬的帝王

公元前207年，赵高派咸阳令阎乐闯进望夷宫（今陕西省泾阳县蒋刘乡五福村、二杨庄之间），宣布秦二世数条大罪，要替天下人杀掉他。秦二世胡亥做梦也没想到，自己的心腹大臣赵高会如此待他。胡亥请求面见赵高，被阎乐拒绝；他请求不做皇帝，降为王，仍被拒绝；他又请求降为万户侯，甚至做一名百姓，都未被许可。秦二世无奈自尽。赵高为什么要杀秦二世？天下人又为什么都要推翻秦朝？

今天西安市曲江池南边，有一座秦朝的帝陵，陵前立着清代陕西巡抚毕沅的手书“秦二世皇帝陵”。公元前210年，秦始皇病逝于巡游的路上，丞相李斯与赵高暗中合作，秘不发丧，把秦始皇的小儿子胡亥推向皇位（另一种说法是胡亥为秦始皇指定的王位继承者）。胡亥在咸阳登基后，为了稳固皇位，赐死了长兄扶苏，又接连以各种名义杀掉了自己的兄弟姐妹；在赵高的怂恿下，胡亥逼着大将蒙恬、蒙毅、右丞相冯去疾自尽；连当初帮助胡亥上位的李斯也被诬陷下狱，屈打成招，全家被杀。赵高为了控制权力，甚至在朝堂之上“指鹿为马”，借此来排除异己。胡亥似乎也很配合地说：“人生如白驹过隙，需尽情享乐。”他学自己的父亲，在即位的第二年开始巡游天下，一边诛杀不服的大臣，一边纵情玩乐。

朝中的混乱蔓延到整个秦帝国，赋税日益加重，帝陵和宫殿建造征集了大量的劳动力，陈胜和吴广在大泽乡起义，昔日被秦灭掉的各国王公贵族重新反叛。狼烟四起，赵高为了麻痹胡亥，瞒报各地的不利消息。等到义军逼近关中，胡亥才如梦初醒，虽然有过几场胜利，但面对如战神一般的项羽，秦军无力回天。秦二世派人责问赵高，为何天下会大乱？为何自己不知情？可惜这样的醒悟已经太晚，此时，刘邦的军队拿下武关，秘密与赵高接触。赵高为了自保，便让自己的女婿咸阳令阎乐去杀掉秦二世，将所有罪名加在秦二世头上，并以平民百姓的规格将秦二世安葬。赵高知道秦已经失去了对天下的控制，便扶植子婴做秦王，去掉皇帝称号，秦王子婴登上王位五天，就诛杀了赵高。公元前207年，刘邦入关中，秦三子婴携带玉玺投降，秦朝灭亡。

今天的秦二世陵，和陕西众多帝王陵比起来，封土和规模都逊色不少，周边的小区戏称自己居住的是“墓景房”。关于胡亥的一生，争议无数，但秦朝确实亡于他手。史书说胡亥荒淫无道，生前帝王，死后黔首，凡人不会因为自己没有成为帝王而痛苦，可是临终的帝王却会因为自己成不了一个凡人而痛苦万分。数代秦王的努力亡于二世，那些残杀手足兄弟、王公大臣、流血千里的帝王之路，终被指鹿为马的权臣所误，正所谓：帝王一座，千家万骨。

木塔寨

隋唐长安城最高的建筑

隋朝开国皇帝隋文帝是一位典型的惧内皇帝。独孤皇后晚年色衰，杨坚与宫女厮混，被独孤皇后发现后，将宫女赐死。杨坚身为一国之君，觉得面子上挂不住，骑着马离宫出去，一直跑到终南山下。赶来的大臣们好说歹说，杨坚就是不肯回宫。最后，独孤皇后传来消息说，隋文帝如果再犹豫就不要回去了。杨坚长叹一声，回宫给皇后道歉去了。

隋文帝夺取北周政权，建立了隋朝，又南下灭陈统一全国，实行了三省六部制，开创“开皇之治”。长安城经过魏晋南北朝近四百年的动荡，已然破败，隋文帝命设计大师宇文恺重新规划和修建一座新的都城，这就有了著名的隋唐长安城108坊的格局，隋文帝根据自己在北周时期的封号，给这座新的城市取名为“大兴城”。宇文恺在修建大兴城的时候，发现西南边的昆明池地势较低，于是他在城市的西南边永阳坊修建了一座高97米的七层木塔，以此来达到风水平衡。

公元602年，独孤皇后去世。虽然她生前对隋文帝多加管束，但夫妻情深，一年后，隋文帝在宇文恺修建木塔的地方盖了一座寺院，取名“禅定寺”（*后改名为“大庄严寺”*），来为独孤皇后祈福。

一年后，隋文帝病逝，他的儿子隋炀帝效法父亲，在禅定寺的旁边，建了一座规模相似的寺院，取名“大禅定寺”（后改为“大总持寺”），给父亲追福。寺里同样有一座木塔，高耸入云，这两座木塔是隋唐时期长安城最高的建筑，后来唐朝诗人岑参夸张地写道“高阁逼诸天，登临近日边”。

两座皇家寺庙在隋唐两朝规模宏大，香火鼎盛，皇帝常常亲临，著名高僧玄奘法师还曾在寺庙里居住，并亲手种植槐树，因此在唐武宗年间的灭佛运动中，大禅定寺被下令保护，逃过一劫。但后来大禅定寺还是遭到毁灭，几经波折，消失在长安城西南。据说两座木塔毁于黄巢起义军的战火。宋朝、元朝、明朝地方曾多次修葺禅定寺，但其规模已经不能和隋朝时期相比，清朝康熙四十七年（1708年），又进行寺庙的修复，并改名木塔寺，这才有了后来的木塔寨这个地名。但好景不长，清朝同治年间木塔寺再度被毁，从此一蹶不振，寺内建筑和木塔均已无存，仅存山门、东西偏殿和法堂等几处遗迹。

如今，饱经历史风霜的木塔寺已建成遗址公园，供人们参观并加以保护。只是寺庙一瞬过去千年，已经无法遇见当初的两座木塔。人说红尘是修行的道场，放下才能解脱，而轮回早已铸成因果。这些故事如梦一场，回荡在历史必经的路旁。遗留下来的古槐仍在当初的地方，让我们还能窥见“开皇”和“盛唐”的气象。

隋唐长安城最高的建筑

黄巢起义加速了晚唐帝国的灭亡

含元殿

世界上最大的宫殿

公元880年冬天，一支叛军攻破了唐都城长安，叛军准备在此为首领黄巢举行登基大典，当有部下询问登基的地方时，黄巢只说了三个字“含元殿”，随后又吟出了他多年前在长安科举落第后写下的诗：冲天香阵透长安，满城尽带黄金甲。

含元殿是大明宫的正殿，修建于唐高宗龙朔三年（663年），是唐朝的外朝政治中心，“含元”二字出自《易经》“含宏光大，元亨利贞”，意思是：包含天地间的一切，国运极好。每年的正月初一，皇帝都要在含元殿举行盛大的朝贺仪式，这是一年中最隆重的礼仪，各部官员向皇帝汇报一年来的政绩，各国的使者争相献上各类奇珍异宝。诗人王维曾写道“九天阊（chāng）阖（hé）开宫殿，万国衣冠拜冕旒”。含元殿的总工程师是当时的司农少卿梁孝仁，整个大明宫动用了十一个省的赋税和长安城官员一个月的俸禄才得以修建完成。含元殿坐落在西安城北的高地龙首原上，宫殿下面还有三层高台，两侧修建有翅膀一样的阙楼，阙楼下各有一条道路从丹凤门进入，仿佛一条巨龙的尾巴垂在此地，所以这两条道路叫作“龙尾道”。白居易曾这样形容：“双阙龙相对，千官雁一行。”站在含元殿上，可以俯瞰整个长安城，远处的终南山也尽收眼底。唐朝的皇帝唐高宗、武则天、唐睿宗、唐肃宗等都在大明宫中办公，是整个中国甚至世界历史上最宏大的宫殿，含元殿见证了中国封建社会历史上最强盛王朝的崛起。崔立之写道“千官望长安，万国拜含元”。

随着安史之乱的爆发，中后期的唐朝长期处于藩镇割据的状态，长安城数次被叛军占领，大明宫含元殿逐渐失去了盛唐的权威。唐德宗年间，太尉朱泚叛乱，涌入大明宫含元殿；唐僖宗年间，黄巢起义，杀进长安，疯狂抢掠大明宫；后来唐朝军队打败了黄巢进入长安，官军也在大明宫进行哄抢和破坏。等到唐僖宗回到长安时，含元殿几乎全部被毁，只能寄居于太极宫中，存在了222年的大明宫在无情的战火中消失殆尽。

如今，我们再提起含元殿，能想到的是荒凉的遗址、新修的地铁站和几处流传下来的地名。初唐的龙首原高处胜寒，雨雪纷飞卷珠帘，睥睨天下苍生安；中唐的大明宫山河血染，旧迹吟流年，纵马亦难挽狂澜；晚唐的含元殿浮生荏苒，狂沙啸长剑，帝王将相均不见。历史又翻了一篇，如今的遗址，一笔勾销恩仇旧怨，仍让人想起如画的江山，此身已在含元殿，更从何处觅长安？

天坛路

天下第一坛

公元590年冬至，天尚未亮，隋文帝杨坚在文臣武将的陪同下急匆匆地出了太极宫，过了朱雀门，沿着朱雀大街往南走。沿途礼部官员祭祀完道路神，隋文帝又继续往南出明德门，再往东走九百多米，目的地就是新修的圜（yuán）丘坛。隋文帝准备祭天，祈求江山永驻，国泰民安。

今天西安城南长安南路的陕西师范大学南边，有一条天坛路（对面是天坛西路）。这条路开通于1975年，是由当时的西安市齿轮厂、省建三司木材加工厂等单位共同集资铺成的道路，因为道路南边有隋唐天坛而得名。现在天坛遗址公园已经对外开放，老百姓可以一睹一千多年前建筑规格极高的皇帝祭天场所。

其实称作“天坛”并不准确，这是明清之后祭天场所的称呼，隋唐时期叫作“圜丘坛”。“圜”就是“圆”的意思，这个圆形的高坛，源于古人认知的“天圆地方”，祭天的场地需要做成圆形。皇帝是君，高高在上，面南而治，百姓是臣，要面北跪拜。但是祭天的时候，刚好相反，皇帝必须出席，因为他是“天”的儿子，“天”为尊，而且南方是乾位，光照时间长，属阳，故把圜丘坛建在长安城南，皇帝屈尊到南边祭天。“天”当然也有名字，祭祀的是“昊天上帝”（详见本书《红庙坡》一节）。

祭天的日子一般选在冬至，因为从这一天起，白昼开始变长，皇帝和祭祀官员要提前七天沐浴斋戒。圜丘坛高八米，周边共有十二条台阶，叫作“陛”。这十二条“陛”代表着一天十二个时辰，又代表着空间的十二方位。每一条“陛”都有自己的名字，按照十二地支的顺序排列，其中正南方有一条最宽的“午陛”，皇帝就是要从这里登上圜丘坛。圜丘坛一共四层，象征着一年四季，四层一共有二十八位礼部官员在此恭候，象征着天上二十八星宿，最上面是“昊天上帝”的牌位，有时候开国皇帝的牌位也会在上面。历史上隋文帝杨坚、唐高祖李渊、唐太宗李世民、女皇武则天等二十一位隋唐皇帝都曾经在此祭祀，这里也被称为“天下第一坛”。晚唐昭宗在此祭祀完后，唐朝灭亡，圜丘坛便荒废了，在改朝换代中默默无闻，名气与北京天坛相去甚远。

1957年，圜丘坛遗址被列为陕西省文物保护单位；1999年，圜丘坛遗址被重新发掘；2018年，天坛遗址公园正式对外开放。这里曾声震于两个恢宏的王朝，也沉默了此后的千年光阴。历史的天空下便是万里山河，来往无数客，有给山河添色，有使日月无光，有人号令四方，有人祭祀明堂……千年之后，不过是后来的人立在此，江河回望，寥寥几篇文章，万籁俱寂，唯留遗址微凉。

香积寺

『放下屠刀，立地成佛』故事的发生地

- Find stories everywhere in Chang'an

唐朝初年，长安城来了一位名叫善导的僧人，他劝人改恶从善，广布佛法，人们受他的启发，家家户户吃素念佛。当时一个屠户眼见肉摊滞销，便怀恨在心，拿着屠刀去寻善导大师报仇。他四处打听并找到善导大师，走近一看，大师衣着朴素，慈眉善目。这位屠夫瞬间被感化，手中的屠刀不由得落地，双手合十，遁入空门。“放下屠刀，立地成佛”由此在长安城流传开来。

今天，西安城长安区郭杜街道，有一处佛教净土宗祖庭香积寺，名字起源于佛典《维摩诘经》中“天竺有众香之国，佛名香积”。维摩诘是早期佛教居士，意思是很纯净、没有污染的人。唐代诗人王维字摩诘，便是由此得来，也因为如此，王维留下了一首《过香积寺》的诗。

过香积寺

不知香积寺，数里入云峰。
古木无人径，深山何处钟。
泉声咽危石，日色冷青松。
薄暮空潭曲，安禅制毒龙。

香积寺西边和南边分别有潏水和滈河，坐北朝南，加上樊川景致极好，故王维笔下的香积寺曲径通幽，宁静淡泊。如此隐秘之景，正是安心参禅之地。佛教本为一支，在流传的过程中由于认知和修行的差异，在我国分为八大宗派，“净土宗”是专修往生阿弥陀佛净土之法门而得名的一个宗派，“祖庭”就是佛教宗派中祖师常住、弘法或者归葬的寺院。本文开头的善导大师便是中国佛教净土宗的第二代祖师，也是净土宗的实际创始人。他从小出家，拜谒过多位大师，在终南山修行，并于唐太宗贞观年间进入长安，弘扬佛法，其所提倡的专念“南无阿弥陀佛”的修行法门，让世代铭记。直到今天，很多人还时常口念“南无阿弥陀佛”。公元681年，善导大师在长安圆寂。善导大师的弟子怀恽将其遗骸送到长安城南，为感念大师的功德，修建了十三层的“崇灵塔”和“香积寺”。由于信徒众多，香积寺常年香火鼎盛，唐高宗李治亲自赐给寺庙舍利，女皇武则天、唐中宗李显多次亲临香积寺。安史之乱时，唐军大将郭子仪和叛军在此地大战，香积寺遭到损坏。唐武宗年间实行灭佛运动，香积寺又遭浩劫。其后，宋朝、元朝、明朝都加以保护并修缮，保存至今。

往事随风，浮生若梦。淡薄的日光，照亮了香积寺黄色的庙墙；绿意葱茏的树林，折射出高僧的理想、凡人的欲望、将军的勋章，也辉映着遥远的大唐。推开香积寺的一扇窗，王维的诗句在庭院中绽放，大雄宝殿上缕缕清香，莲花宝座上的善导大师，安详慈善，述说着世人的信仰，也在告诉世人：佛本无相，以众生为其相。

青龙寺

最美的樱花缘于千年佛法

公元662年，唐高宗的妹妹城阳公主患重病，唐高宗一边让御医悉心治疗，一边请高僧诵读《观音经》，为公主祈福。城阳公主痊愈后，奏请唐高宗，修建一座观音寺。唐高宗在隋朝灵感寺的原址上，重建观音寺，这座寺庙后来在唐睿宗年间改名为青龙寺。

今天西安市东南乐游原上的青龙寺，是佛教八大宗派密宗的祖庭之一，也是唐朝佛教真言宗祖庭。唐玄宗年间，出生临潼的惠果禅师在青龙寺剃度，并在大兴善寺研习佛法。他学有所成后，受到唐代宗的召见，常应诏入内为代宗、公主等修法。后来他回到青龙寺，在青龙寺东塔院设置灌顶（佛教高僧将牛奶中提炼出的乳酪浇到头上，获得智慧，大彻大悟，成语“醍醐灌顶”由此得来）道场，当时长安的百姓纷纷来到青龙寺，接受惠果大师的灌顶密法。唐代宗、唐德宗和唐顺宗三朝都对惠果大师推崇备至，称其为“国师”。

惠果大师桃李满天下，甚至其他国家的僧人也慕名而来，其中就包括日本的空海大师。唐朝的长安城，是当时所有国家的学子和僧人梦想的伟大都城，公元804年，日本的空海大师来到大唐，他的目标只有一个，学习佛法。几番寻求名师后，他拜在了青龙寺惠果大师的门下，仅用时三个月，就成了惠果大师的传法弟子。空海大师不仅从大唐带回了经书佛法，还将大唐的文化引入日本，回国后，空海大师在日本高野山坐禅，成为一代高僧，奠定了日本佛教真言宗的基础，电影《妖猫传》便是根据他的故事改编而成。

青龙寺的历史十分坎坷。唐武宗灭佛时，青龙寺被废弃，随后又恢复，改名为护国寺；唐宣宗年间，恢复青龙寺的名字；北宋哲宗年间，青龙寺地面建筑全部被毁，湮没在历史的尘土中；1963年，考古队员在此发现了青龙寺的遗址，这座埋藏了一千多年的寺院重见天日；1981年，日本真言宗代表团来到西安，参观了青龙寺遗址，并提出出资重修青龙寺的愿望，获得认可；随后日本香川（空海出生地）、德岛、高知和爱媛四个县，一起在青龙寺修建了惠果空海纪念堂以及空海纪念碑；1986年，青龙寺从日本引进了千余棵樱花树，每年春天，这里的樱花绽放着一季的繁华。

如今青龙寺空海纪念碑下方的围栏上，浮雕为波浪形，象征着当年空海大师漂洋过海到长安求学，又扬帆起航回日本普度众生，真正的佛不在庙里，而在路上。世界虚空，包含万物色相，樱花漫漫，染尽青砖红墙，短暂的花期散落下青龙寺长长的过往，每一条来时的路，踏碎过多少理想，每一条远去的路，都有他选择的方向，或在静谧的深巷，或在心中的佛堂。

小雁塔

另一位去西天取经的高僧

1487年（明朝成化二十三年），陕西发生六级地震，西安城小雁塔被震裂了一条一尺宽的裂缝；三十四年后，明朝正德年间，在又一次大地震中，小雁塔的裂缝竟然神奇地合上了。又过了三十四年，一位名叫王鹤的官员从北京返乡途中，夜宿小雁塔，寺中堪广和尚向他讲述了小雁塔开裂复合之事，王鹤便将此故事题于小雁塔北门门楣上。

小雁塔是西安标志性建筑之一，它的由来和唐朝高僧义净有关。初唐时期，少年义净在洛阳、长安学习佛法，研习过程中，很多疑惑一直未能解开，便萌生了去天竺求取真经的想法。但当时西域和大唐连年交战，丝绸之路并不畅通。义净取道广州，坐船至苏门答腊，在此学习了半年的语言，才去了天竺。义净学习佛法，并对天竺的佛教教义有了很深的领悟，后来回到大唐。公元707年，唐中宗为了给义净法师存放从天竺带回来的佛经，在西安城修建了一座雁塔，雁塔原有十五层，现存十三层，为了与大雁塔区分，故称“小雁塔”，后来小雁塔与旁边的荐福寺合并。荐福寺在隋朝是隋炀帝杨广做皇子时候的宅院，唐朝初年，武则天为给驾崩的唐高宗祈福，修建了这座佛寺，并亲自书写寺庙的牌匾。荐福寺也是唐中宗李显做皇子时候的宅院，唐中宗酷爱佛法，也对当年住过的龙兴之地颇为留恋，常常到荐福寺与义净法师讨论佛法。义净法师翻译佛经，开坛说法，一时传遍大唐。唐玄宗年间，七十九岁的义净法师圆寂于荐福寺。

1192年，金代曾铸造一口重达8吨的钟，悬挂于武功崇教寺内，后来因为渭河发洪水，寺庙被冲毁，大钟沉于河中。清朝康熙年间，大钟重现天日，送到荐福寺小雁塔。日日清晨，荐福寺小雁塔都会敲钟，钟声悠远，“雁塔晨钟”也因此成为关中八景之一。

民国的“护法战争”和“二虎守长安”的围城之战，都曾在小雁塔这里发生战斗，使荐福寺小雁塔一度损毁严重。新中国成立后，文物部门修复小雁塔时发现，唐朝的能工巧匠将小雁塔的塔基筑成一个半圆球体，塔身受震后通过这个球体分散压力，才能出现神奇的复合景象。

荐福寺千年，来往过客无数，有人因题诗而添色，有人因信仰而坚守，有人毁它容颜，有人塑它梁骨。小雁塔立于院内，徐徐回望，时光把清晨的钟声浸入经卷中，高僧耗尽白发，只为求取佛法，而后封于尘埃之中，成为后人口中的佳话。我们已经记不清高僧的名字，只记得那一世大唐的繁华，那一生刹那的芳华，那一尊千年的雁塔。

何家村

考古史上最牛的村子

1970年10月5日，西安市碑林区何家村的一处基建工地正在施工，打地基时，突然出现一个陶瓮，现场的人大喊："有宝贝！"一群施工队员围了上来，小心翼翼地打开陶瓮，里面装满了各类金银器，顿时金光闪闪，十分耀眼，现场的负责人赶紧联系上级部门，陕西省博物馆的专家陆续赶来。

几天之后，专家们在出土第一个陶瓮的工地北边又找到第二个陶瓮，两个陶瓮里装着一千多件唐朝时期的珍贵文物，其中有一整块世间罕有的红玛瑙制成的"兽首玛瑙杯"（后为陕西历史博物馆镇馆之宝），还有"鎏金鹦鹉纹提梁银罐"，出土时里面还存有半罐水，十二条小金龙在水面上依次排列，十余颗颜色各异的宝石散落在水中。陶瓮中还有波斯、高昌、东罗马等39个国家的钱币，是钱币收藏史上一次空前的大发现。

《明皇杂录》里记载了这么一段历史：唐玄宗时，皇宫中专门养了一批舞马，每年八月初五唐玄宗生日的时候，在兴庆宫勤政务本楼下要举行贺寿的活动。这一批舞马除了表演各类技能外，还会衔着倒满酒的杯子送到唐玄宗面前，引得一片喝彩。这一场景被很多文人描写，后人研究历史时，都认为其文学夸张的成分很多，但是何家村出土的"鎏金舞马衔杯银壶"，将当时的胜景再次还原。

这么多珍贵的文物究竟是何人所藏，当时为什么要这么做？要知道答案，我们首先要了解一下何家村的历史。清朝嘉庆《长安县志》记载，何家村名字起源于清朝中期，有两个姓何的兄弟在此定居而得名。再往前追溯，何家村在唐朝时属于一百〇八坊中的兴化坊，坊里曾住着唐太宗朝的宰相封德彝，唐高宗李治的孙子邠王李守礼，唐玄宗朝的京兆尹孟温礼，唐宪宗朝的宰相裴度，唐德宗朝的尚书租庸使刘震等一大批隋唐名人。考古学家通过对文物的鉴定，发现这批文物包含了初唐、盛唐和中唐三个阶段，因此用时间排除法，加上文物中出现庸调银饼，最后确定埋藏宝物的人应该是唐德宗朝的租庸使刘震。当时的赋税从地方收取后到达长安，再由租庸使检验并送往国库。唐德宗朝泾原兵变，叛军已至，皇帝出逃，刘震让人带走大件物品，小而精细的珍宝则藏到自己家中。后来刘震被叛军俘虏，被迫投降。唐军平定叛乱，收复长安，刘震以变节的罪名被杀害，这一批珍宝长眠地下。

如今，出土于何家村的遗宝静静地安放在陕西历史博物馆中，千年的杯盏映着唐朝的明月，散落的遗宝讲述着狼烟烽火，一位官员的身不由己，让一千多件文物浪漫入骨，高贵成谜。从它们身上，后人才得以窥见盛唐的灼灼繁华，何家村也因此名动天下。

碑林

为什么这里的『碑』字少一撇？

晚清时期，林则徐虎门销烟得罪了洋人，道光皇帝将他贬到新疆伊犁，路过西安的时候，爱好书法的林则徐来到碑林，为这里题字。因为刚刚被罢官，所以写“碑”字的时候，故意少写一“撇”，以表达当时的沉重心情。

今天西安市文昌门内的三学街上，便是大名鼎鼎的碑林博物馆，“碑林”二字表示这里碑石如林。如果你仔细观察，博物馆内的牌匾和很多石碑上的“碑”字都没有一撇，林则徐的故事当然是传说，另有人说没有撇是为了美感，还有人说是唐朝印刷技术不高，等等。其实没有一撇的原因是“碑”右半边的“卑”，甲骨文和金文写作“”，很多唐朝书法家追求复古，写成没有撇的“碑”，所以并没有写错，而是汉字演变的时代不一样，写法也不同。碑林的起源要追溯到唐朝，唐朝长安城的务本坊内当时存放着《石台孝经》和《开成石经》。《石台孝经》讲述的是孔子和弟子关于孝悌的问答，唐玄宗李隆基亲自作序。《开成石经》是唐文宗年间艾居晦、陈珍等用楷书分写的十二种经书，包括《论语》《诗经》《周易》等经典名作。

《石台孝经》和《开成石经》这些珍贵的文物自唐朝灭亡后几

经辗转。北宋年间，碑石无人打理，被人随意拿走盖房建桥，政治家吕大防、虞策等人前后收集保护，随后又把这些文物和西安的府学、孔庙聚集到一起，迁到今天碑林的位置。碑林南边外墙上还有“孔庙”二字，这是清朝书画家刘晖所题。明朝嘉靖年间，关中发生大地震，碑林的碑石很多被震断，明朝万历年间有过一次修葺。清朝乾隆年间，陕西巡抚毕沅到碑林观摩，此地房屋倒塌，草木丛生，碑石散落在一片破败荒凉之中，毕沅以官方的名义重修碑林，让历代的珍贵文物得以保留。

碑林还有很多名气很大的文物，比如在唐睿宗年间铸造的景云钟，它被称作“天下第一名钟”，起初悬挂于钟楼之上，现在保存于此，央视春晚岁末年初的钟声就是来自于景云钟。唐太宗昭陵前的石刻“昭陵六骏”在1914年被人打碎盗取，其中“什伐赤”“白蹄乌”“特勒骠”“青骓”四骏被截获，收藏于碑林博物馆。民国时期，碑林又进行了大规模的整修，今天的建筑格局就来源于此。于右任先生捐献了三百多件西晋到隋唐的墓志，丰富了碑林的藏品。

如今，拥有九百多年历史的碑林博物馆陈列着一千多方碑石，每当节假日，常见游人在认真读那些碑文，那是颜真卿提笔墨冬夏，柳公权挥手点春秋；那是苏东坡沧海任遨游，黄庭坚疏狂韵风流。这些碑文述说着历朝历代的龙争虎斗，镌刻着书法家笔落风雨的惊艳不休。英雄总会白头，铭文亦能枯朽，只有那些动人的故事和文物在这里长相厮守。

兴教寺

玄奘大师真身舍利存放之地

相传玄奘大师西行，到达印度北边的山上时大雪纷飞，在山顶，他看见一位打坐的僧人，上前询问后得知僧人在等释迦牟尼传授佛法，但当时释迦牟尼已经圆寂千年，玄奘说："等我西行回到东土大唐，你投胎转世，我来传授你佛法。"僧人应允。

今天西安市城南20千米处的少陵原上，有一座大唐护国兴教寺，这是樊川八大寺院之首，也是中国佛教法相宗祖庭之一。法相宗是研究佛法和实践佛法的佛学宗派，"佛门"又称为"法门"，"相"指的是佛法的形式。公元664年，一代高僧玄奘在陕西铜川的玉华宫圆寂，最初安葬在西安城东的白鹿原上，唐高宗常常在大明宫中远眺白鹿原，思念这位法相宗的创始人。为了更好地安葬玄奘，武则天将玄奘遗骨改迁至少陵原，同时修建了"大唐护国兴教寺"。兴教寺中除了玄奘舍利塔外，其弟子窥基法师和圆测法师也魂归于此。

相传玄奘取经归来后，想起他在印度北边山顶上遇到的僧人，便去寻找这位有缘人，在鄂国公尉迟敬德的家中找到一位少年，令其出家，但这位贵族少年早已习惯锦衣玉食，提出出家必须随行三驾马车：前车经论，中车自乘，后车美女、女仆、食馔，有"三车法师”之称。玄奘大师也不计较，当少年来到寺庙，洪亮的钟声惊醒了他，从此追随玄奘，一心求佛，法号窥基，成为唐朝初年的一代高僧。玄奘的另一位弟子圆测是新罗国的王子，精通六国语言，十五岁来到长安寻求佛法，武则天时期，每当世界各国的僧人辩论佛法，必须由圆测首先开讲，新罗国多次请求圆测大师回国，均被武则天拒绝。

宋朝之后，因多次战火，兴教寺受毁严重。清朝年间，寺中仅存玄奘以及窥基、圆测的舍利塔。民国时期，著名的慈善家、辛亥革命先驱之一的朱子桥将军来到陕西赈灾，一向尊崇佛学的他参观了兴教寺，满目疮痍的寺院让他痛心不已，从1930年起，朱子桥将军先后重修了兴教寺、大雁塔、青龙寺等地。九年之后，民国政府再次重修兴教寺，修补了玄奘等三位法师的舍利塔。1953年，印度总理尼赫鲁来华访问，玄奘的埋葬之地兴教寺自然成了中印两国友谊的纽带，在周恩来总理的关怀下，拨专款重修兴教寺，此后这里接待了不少中外来宾。

如今的兴教寺，大雄宝殿中供奉着元代释迦牟尼的坐像，民国修建的钟鼓楼东西相对，西跨院玄奘法师和弟子圆测、窥基的三座舍利塔已经矗立了一千三百多年，仿佛在告诉我们：世人难断贪嗔痴，悲欢谁与共论？众生非众生，红尘似红尘，身在空门，大梦浮生，只留梵音不留痕，半盏枯灯照经纶。

唐代高僧玄奘

中国四大美人之一杨玉环

兴庆宫

『力士脱靴，贵妃捧墨』的地方

公元743年，在兴庆宫赏花的唐玄宗急召李白进宫，命他写一首赞美杨贵妃的诗。此时的李白酒醉不醒，衣衫狼藉。唐玄宗令人给他醒酒，更换衣物。李白却要高力士为其脱靴（一说杨贵妃捧墨），而后借着酒兴在沉香亭写下了“云想衣裳（cháng）花想容，春风拂槛（jiàn）露华浓”的句子，技惊四座。

兴庆宫，是唐朝继太极宫、大明宫后的第三个皇宫，起初是一百〇八坊中的隆庆坊，这里住着唐睿宗李旦的五个儿子，分别是岐王李范、薛王李隆业、宁王李成器、申王李成义、临淄王李隆基，被叫作“五王子宅”。武则天时期，就传说隆庆坊中有龙气；公元712年，李隆基继位皇帝，按照避讳规定，隆庆坊改为“兴庆坊”，但这块风水宝地让李隆基念念不忘；两年后，其他四位王子迁到别处，李隆基把里坊扩建为皇宫，取名为“兴庆宫”，正式成为李隆基办公的地方。

除了李白吟诗的沉香亭，兴庆宫中最有名的建筑当属“勤政务本楼”和“花萼相辉楼”。勤政务本楼很符合唐玄宗前期的治国理念，是整个兴庆宫的正殿，改元、立太子等重大典礼都在这里举行。花萼相辉楼的名字出自于《诗经》“常棣（dì）之华，鄂不韡（wěi）

韡。凡今之人，莫如兄弟”。这句话的意思是：棠棣树鲜花盛开之时，花萼花蒂相互依偎，灿烂鲜明，人与人之间的所有情感，都不如兄弟之间相亲相爱。李隆基并非李旦的嫡长子，但嫡长子李成器曾多次拒绝成为皇太子，他认为弟弟李隆基有功于社稷，可以胜任皇位。李隆基营建花萼相辉楼，来彰显哥哥谦让皇位的美德。此楼建成后，李隆基宴请弟兄来此饮酒叙旧，还专门制作了长长的枕头和宽大的被褥，与兄弟共寝。花萼相辉楼在当时被称为“天下第一名楼”，主要是皇帝娱乐的场所，同时，兴庆宫经过几次扩建，最大时北边到了今天的长乐坊路，南至咸宁中路，东边到达今西安理工大学，西至兴庆西路。安史之乱后的皇帝选择大明宫为政治中心，唐朝灭亡后，兴庆宫逐渐毁弃并消失。

1957年，交通大学由上海西迁到西安市，将地址选在唐朝兴庆宫遗址的南面，同一时期，西安市政府在唐朝兴庆宫的遗址上建立兴庆宫公园，兴建了沉香亭、花萼相辉楼等。开元年间的唐明皇，胸怀大志，与名臣贤相励精图治；天宝年间的李隆基，政务闲置，与贵妃权臣享受盛世；安史之乱后的兴庆宫，贵妃已死，皇权丢失，繁华成了一纸诗词，那位标榜手足感情的天子，被自己的儿子软禁于此，余生蹉跎度日……

安远门

差点被拆掉的西安城墙

1953年，苏联专家决定把军工技术引入西安，但当时西安城市较小，苏联专家提议，拆除西安城墙，以解决交通发展和工业布局等问题。这一提议遭到文物保护人员的反对，双方不断开会争议，僵持不下。有人提议说：“城墙可以防原子弹。”战争期间，很多老百姓就是在城墙防空洞中躲过炸弹的袭击。这一提议获得大多数人的附议，西安城墙逃过一劫。

今天我们看到的西安城墙修建于明朝朱元璋年间，北边正中的城门老百姓俗称为北门。中国古代的边患以西方和北方为主，故西门叫作“安定门”，北门取名为“安远门”，意思是西北方少数民族安定团结。安远门刚修筑的时候，有瓮城，瓮城上有正楼和箭楼。明朝末年，陕西巡抚孙传庭在瓮城外加修月城；清朝陕西巡抚毕沅又在前人的基础上加固城墙。

辛亥革命爆发后，西安同盟会推举张凤翙为首领发动陕西起义。张凤翙带领军队攻击清军，安远门当时是清军存放弹药的地方，双方在这里有过激烈的交锋，一阵炮火之后，城门中存放的弹药被点燃，一时间火光四起，爆炸声不断，清军溃败，历经数百年的安远门也被全部焚毁。民国建立后，张凤翙担任陕西都督，出于文物保护的目的，他在原址上重修安远门，并亲自在城门上题书“安远门”三个大字。

新中国成立后，西安城墙多次遭遇拆除危机。除了苏联专家，1958年，北京、南京等地纷纷拆除了城墙，在全国拆旧建新的潮流下，有人跃跃欲试也要拆除西安城墙。当时的陕西省文化局副局长武伯伦联络各方专家向国务院申请保护城墙，时任国务院副总理的习仲勋同志批示：“西安城墙是重要的文物，应当保护不能拆除！”

1983年，西安连续暴雨，很多房屋被毁，西安城墙由于是泥土夯制，一时间成了威胁周围百姓的建筑，安远门的箭楼坍塌，整个楼体也一度倾斜。有人又提出拆除城墙，当时的西安市市长张铁民发动群众进行了一场义务“维修城墙的工程”，前后有十万群众加入其中，重新烧制砖块，用时两年，完成了城墙的修复。今天我们走在城墙上，如果你注意观察，有些脚下的砖块上还刻有“户县大王王守、一九八四”字样，这些都是当年义务维修工程留下的印记。安远门的箭楼也在这个时候被加固整修。2001年，安远门城楼又重新修复成今天我们看到的样子。

今天，安远门目睹着门洞里的芸芸众生来来往往，失而复得的城墙里有远去的战争和帝王的荣耀。明清的风雨在每一处砖墙遗落下沧桑，历史的痕迹却总是变换着相同的模样。六百年的时光，城墙仍然独自守护着长安每一夜的月光。

鼓楼

古代是如何报时的？

鼓是一种传统打击乐器，鼓面用动物的皮革制成，声音雄壮激昂，传播范围广，是庆典、祭祀、狩猎和作战时的必需品。后来，佛教寺院内，均有钟和鼓用于报时，每日早间敲钟三阵，共鸣一百〇八响，意味着送走一百〇八种尘世烦恼；晚间敲鼓，催促云游的僧侣，天色渐暗，需要回归寺院休息。后来这种习俗被城市建筑者使用，往往在城市中心位置设置钟楼和鼓楼，成语“暮鼓晨钟”也由此得来。

西安市中心钟楼的西北方二百米左右，有一座举世闻名的鼓楼，修建于明朝洪武十三年（1380年），建造时间比钟楼还早，是国内保存下来的最大鼓楼。1580年，陕西巡抚都御史赵可怀在鼓楼上题写“文武盛地”四个字。在钟表发明之前，人们通过漏斗、烧香、观日等方法来计时，而官方则通过在一个地域建立鼓楼的方式来计时，最早的鼓楼备有4个铜漏壶，分别叫作天地、平水、万分、收水。漏壶正中安装一个叫“铙”的机械操纵铜器，每刻都会击铙报点。夜间击鼓三次表示三更，五鼓就是五更，击鼓完成后，打更的人会走街串巷进行报时。由于鼓声的扩散范围很广，鼓楼又有着在敌情或灾害等突发状况来临时及时传递信息的重任，相当于现在的应急广播。

明朝末年，西安鼓楼破坏严重。根据《咸宁县续志》记载，清朝乾隆五年（1740年），陕西巡抚张楷主持重修鼓楼，他模仿乾隆皇帝的字体，重新写上“文武胜地”四个字悬挂于鼓楼正南边。而鼓楼北边木匾上“声闻于天”四个大字是清朝乾隆年间咸宁学士李允宽所书。两块牌匾均属千古绝笔。“声闻于天”这四个字出自于《诗经·小雅·鹤鸣》，相传唐长安城鼓楼重修后，大臣邀请武则天为鼓楼题字，武则天一挥而就，写下“声闻於天”，但是“於”字少写了一个点。某日，她经过鼓楼时，发现错误，便命人拿出粗笔，蘸上墨汁，捆绑在弓箭之上，一箭正中缺少一点的位置，众人欢呼，后来修建鼓楼时延用了这四个字。

“文革”时期，鼓楼两块牌匾被毁。从1982年开始，鼓楼牌匾恢复一事不断被提起，2004年，西安市政协和陕西省文物局多次召开“恢复鼓楼牌匾”专题讨论会，最终一致确定牌匾的大小、形式、字体和明清时期一样，但是考虑到保护鼓楼建筑，所以采用现代轻型材料，运用传统工艺进行恢复。2005年4月，“文武胜地”“声闻于天”两块匾额重新悬挂在鼓楼之上，一如当年的模样。

如今，我们仍会在这里听到鼓声飘荡，只是听到这鼓声的人们步履匆忙。回民街夜晚泛黄的灯光，告诉人们长夜未央，城市的情怀，在六百年风雨中徜徉，流转的岁月，又把人们带回远去的旧时光，铭刻了记忆，老去了悲凉。日复一日的朝暮之间，写尽了古城的历史沧桑。

广仁寺

西安离西藏最近的地方

1703年，清朝康熙皇帝巡视陕西，西安的大小官员在临潼接驾，而后入西安城。康熙皇帝除了检阅西安的军队驻防，巡查官员体系，拜谒陕西历代皇陵外，还特别交代西安官员，在城墙内西北处，敕建一座寺院，取名“广仁寺”，并亲自题写横匾。康熙皇帝为什么要建造这座寺院？里面供奉的又是何方神圣？

唐朝贞观年间，吐蕃赞普（吐蕃君主的称号）松赞干布派使者来长安求亲，并带来了一尊六千克重的绿度母（藏传佛教中观音菩萨的化身）黄金塑像作为聘礼，唐太宗同意将文成公主嫁给松赞干布，文成公主临走时，请求太宗皇帝将开元寺（隋朝称光明寺，今西安南二环西段一带）释迦牟尼佛十二岁等身像带到吐蕃，唐太宗虽然十分不舍，但仍同意文成公主将其带走。为了填补空落落的莲花宝座，唐太宗将吐蕃的聘礼绿度母塑像供奉在开元寺。康熙皇帝来西安时，当然知道开元寺的绿度母塑像对于西藏和大清友好的重要意义，所以建成广仁寺后，第一件事就是把莲花宝座和绿度母塑像移到广仁寺，广仁寺就成了汉地唯一的绿度母道场。

从康熙皇帝开始，西藏、青海、蒙古等地的活佛、大喇嘛入京朝贡，经过西安时，这里是唯一的行宫，因此广仁寺又称“喇嘛寺”。寺院内每年农历十月二十四、二十五日举行的古灯法会，就是纪念黄教创始人宗喀巴大师成道日。广仁寺共四进院落：一进院天王殿内供有陕西最大的千手观音像，三进院藏经阁中珍藏有康熙四十九年（1710年）修订的明版《大般若波罗蜜多经》六千六百卷，是全国保存最完整的一套。清朝末年，辛亥革命爆发，西安响应武昌起义，广仁寺被革命党人占据；民国时期，镇嵩军刘镇华围攻西安，杨虎城将军在广仁寺设立司令部，与之作战；1931年，广仁寺外发生炸药爆炸事故，寺内多处损毁，杨虎城将军出资修复；1952年，西安市政府重新整修广仁寺，就是今天我们看到的样子；2006年，广仁寺组织“重走唐蕃古道”活动，从西安到拉萨七千多千米，西藏大昭寺文成公主雕像和释迦牟尼佛十二岁等身像又被迎回了西安，时隔一千三百多年，远嫁的大唐公主又重新“回到”了故土。

如今的广仁寺，康熙皇帝手植的丁香树已度过三百个春秋，从印度迎请的百年菩提树与时光相守，慈禧太后晾晒衣服的痕迹依旧，初唐留下来的莲花宝座讲述了一位公主的去留。人说，烦恼之事十之八九，愁绪难舍难收，苦海风急雨骤，水穷之时莫行扁舟，云起之日方得良久。心静时候，且在广仁寺故地重游，酥油灯如昼，菩提悠悠，警醒俗尘名利之流，经声诵读，唤回佛法在心头。

止园

陕西人不能忘记的将军

1937年5月27日，杨虎城将军被蒋介石免职，被迫前往上海，然后去欧洲各国考察学习。临行时，很多百姓和士兵涌入了西关机场和他告别，哭声一片，杨虎城将军早已泣不成声，被搀扶着上了飞机。他为何深受人民的爱戴？又为何要离开西安呢？

杨虎城出生于陕西省渭南市蒲城县，年轻时做过刀客，参加陕西革命军，战功卓著，一路得到提升。1926年，杨虎城和李虎臣联合坚守西安孤城达八个月之久，让刘镇华的镇嵩军无功而返；1927年，他率部东出潼关，参加北伐战争；1930年，杨虎城将军出任陕西省政府主席，他减少军费开支，兴办教育，抗击灾害，兴修水利工程，百姓多为称颂。九一八事变后，日军侵占东三省，蒋介石奉行“攘外必先安内”的策略，杨虎城将军发表了《杨虎城泣告全国书》，这是国民党第一位发出抗日要求的高级将领，他求见蒋介石，表达抗日的决心，遭到冷遇。直到张学良将军带着东北军来到西安，两人共同被蒋介石安排出兵攻打红军，两人在一致抗日上达成默契。

杨虎城将军当时住在“止园”，这是1934年修建的一座别墅，杨虎城给它取名为“紫园”，意味着“紫气东来”。时任陕西省政府参议的李元鼎先生建议取“止戈为武”“到此为止”之意，更名为“止园”，杨虎城将军欣然接受。1936年，蒋介石亲自到西安督促张学良、杨虎城进攻红军，张、杨二人多次向蒋进谏无效后，决定发动兵谏，杨虎城在止园秘密会见了共产党人王世英、王炳南、南汉宸等人，才和张学良发动震惊中外的西安事变，扣押蒋介石，号召抗日。后来周恩来作为共产党代表，在止园和杨虎城商议和平解决西安事变问题。

西安事变后，蒋介石软禁了张学良，并使出各种手段解除了杨虎城的职务，杨虎城只能离开，在欧洲继续宣传抗日主张，其间多次致电蒋介石，愿以微躯投身抗日战争，均遭拒绝。1937年12月，杨虎城回国后即遭逮捕，此后被关押在贵州、重庆等地十二年。1949年，杨虎城将军被国民党杀害。新中国成立后，他的灵柩运回西安，安葬于长安区韦曲双竹村。

今天西安市青年路上的止园别墅，楼不高而淡雅，人不多而宁静。屋顶飞檐斗拱颇有中国古典之风，栏杆和门窗又采用欧式建筑风格，相得益彰。当年杨虎城将军及家人的生活用品一一陈列，楼上有围城之战时杨虎城将军守卫西安的沙盘示意，墙上陈列着不同年代的故事，带我们回到了狼烟烽火的民国岁月。一位蒲城刀客，空负报国热情，难展凌云之志，只能在余生醉眼观山河，诸多遗恨埋首烟波。

七贤庄

红色驿站，西安『八办』

在魏晋时期，有这样七个人，他们狂放不羁，自视甚高，或不拘礼法、我行我素，或逍遥山林、终身不仕，是当时风采出众的一个文学群体。七人中的阮籍放浪佯狂，好长啸；嵇康通晓各类乐器，一曲《广陵散》独奏了千年；向秀常同嵇康锻铁灌园，与诸名士酣饮娱欢；阮咸是琵琶高手；刘伶常纵酒忘形；王戎年纪轻轻就入仕做官；山涛为人低调，与诸贤士极友善。他们常常竹林中放歌长啸，开怀畅饮，抚琴赋诗，坐议玄谈，过着潇洒飘逸的生活，后人称之为“竹林七贤”。

今天西安城北新街旁，有一处名叫“七贤庄”的地方，这个名字部分人可能觉得陌生，但说起另一个名字“八路军西安办事处纪念馆”，大家便恍然大悟。“七贤庄”的名字是民国时期，《秦风日报》社长、革命家成柏仁先生所取，因为当时蒋介石破坏国共合作，中国共产党只能转到地下工作，成柏仁先生用“竹林七贤”的典故来表示与国民党反动派不合作的态度。七贤庄的另一种说法来源于“唐代七贤”，指的是张九龄、李白、王维、孟浩然等七才子。

1936年，党中央采购了一批医疗器械秘密运到陕北，需要在西安中转，中共地下党刘鼎联系了德国的一位牙医冯海伯。让冯海伯出面租下七贤庄一号院，开了一家牙医诊所，借此来转移器械。1936年底，西安事变爆发，国共两党再次合作抗日，七贤庄成了公开的红军联络处。

1937年8月，陕北的中国工农红军主力部队改编为国民革命军第八路军，西安的联络机构也随之改名为“国民革命军第八路军驻陕办事处”，就是我们现在所说的“八办”。我党的办公地点也从一号院扩大到三、四、七号院，林伯渠、董必武先后担任中共中央驻陕代表。周恩来、刘少奇、彭德怀、邓小平、叶剑英、李克农等党的主要领导人多次在此工作。1938年8月，朱德总司令曾来到八路军西安办事处。他在七贤庄一号院做了一场关于抗战形势的报告，他演讲时敞开上衣，豪气干云的照片也流传至今。同年，国际主义战士白求恩同志也是从这里中转，去往延安。1940年，音乐家冼星海在此演奏《黄河大合唱》，一批又一批的西安进步青年，由此输送到延安。1946年，全面内战开始，办事处撤至延安。

如今，那段峥嵘岁月已经变成三千多张照片和九百多件文物，供后人参观学习。那些远去的革命志士成了纪念馆里被反复提及的英雄人物，那些遗留下来的书信、文件、报刊、电台依稀能再现不凡的过往，七贤庄，并非“竹林七贤”的愤然避世，也非“唐代七贤”的舞文弄墨，而是心存天下志、敢为天下先的革命理想，还有那一代人浪漫的革命情怀。

纺织城

曾被誉为西安的『小香港』

1952年，原中国纺织工业部决定在西安筹建纺织企业，安排陕西省纺织品总公司在西安东郊灞桥热电厂旁实地考察。考察组来到郭家滩，据说这里是因为住着大唐名将郭子仪的后裔而得名，郭家滩东边是白鹿原，西边是浐河，距离市区也不远，经过几番讨论，最终决定在此建厂。后来，这里修建成了中国最大且最集中的纺织基地，1958年，《人民日报》的通讯首次称这里为“纺织城”，此后一直沿用。

纺织城所在的位置是白鹿原北坡，这里历来是西安通往东边的交通要道，汉唐时为兵家必争之地，直到明朝在此还设有官厅（军事机构）。1953年，我国开始了第一个五年计划，苏联为中国提供156个工业援建项目，其中陕西获得了24项，西安就有16项，成为接受项目最多的城市。纺织城就由当时的苏联专家援助建设，占地面积25平方千米，先后建起国棉三厂、四厂、五厂、六厂，以及西北第一印染厂。来自西南、华北、东北、上海和关中等地的青年男女，汇聚在这里，逐渐发展为数十万人口的纺织工业区。从此，纺织城的名头叫响，偌大的厂房，整齐的机器，发出震耳欲聋的轰鸣，成堆的棉花在机器中进出，工人们穿着统一的工服，戴着无檐白帽在厂房中穿梭。纺织城曾创造出年产近八万吨棉纱、三亿米原布、一亿两千万米印花布的业绩，所谓“机器一响，黄金万两”。这里涌现出一百多位荣膺全国劳模、五一劳动奖章、三八红旗手等荣誉的工人。纺织城中配套建有宿舍、公园、商场、电影院、医院、学校等，是当时西安最先进、最时髦的地域，被誉为西安的“小香港”。在纺织城里，女工的比例大，当时也有人戏称为“女儿国”。

20世纪90年代，随着市场经济的冲击，竞争的加剧，纺织城逐渐衰落。工厂或被收购，或破产，那些盛极一时的纺织女工渐行渐远，曾经人来人往的工厂门可罗雀。多少家庭因为下岗辗转反侧，多少人的青春一去不返，喧嚣的工厂被时代无情地抛弃，留下了五十多条与纺织城有关的道路，至今仍在沿用。

笔者曾采访过一位年岁较大的纺织女工，相册里的照片讲述着她当年的故事，回忆是少年的青涩与曾经的倔强，过去仍在回忆里灿烂着，光鲜的图景已经泛黄。一切恍然如昨天，她们不辞辛劳夜夜纺织着浐河边的月光，又在日复一日的月光下芳菲散尽，只剩些许未拆的苏式建筑陪在她们的身旁，成为纺织城尘封的记忆。

陕西历史博物馆

一百七十多万件文物，你看过几件？

1973年，周恩来总理陪同越南总理范文同来到陕西省博物馆（今碑林博物馆），这是周总理自1961年陪同尼泊尔国王之后，又一次来此参观。周总理眉头紧锁，他提出："陕西的文物如此众多，但是展出文物的地方太狭小，适当的时候需要建一个新的博物馆。"周总理对博物馆建筑的要求只有一句话："博物馆建筑本身，应该成为陕西悠久历史和灿烂文化的象征。"

1983年，陕西新建博物馆的任务交到了中建西北设计院，负责此项目的是梁思成的关门弟子张锦秋。当筹建组给国家计划委员会上报"陕西省历史博物馆"名字的时候，国家计划委员会批复："陕西历史博物馆是国家级博物馆，建议去掉'省'字。"后来简称为"陕历博"这个名字。

陕西历史博物馆将地址选择在大雁塔西北边的小寨东路上，1991年正式开放。张锦秋采用唐代宫殿的形式来修建，又舍弃了传统宫殿红墙黄瓦的色调，以黑、白、灰为主色，凸显庄严与简洁。整个建筑呈中轴对称。博物馆南门外广场的水池中，有一石刻，叫作石鲸，是汉武帝年间的文物。石鲸起初一共两条，一条放在昆明池，一条放在太液池。太液池的石鲸出土于西安市六村堡，先放在陕西历史博物馆的水池中，后移到博物馆后院存放，被人戏称为“陕西第一低调文物”。水池东西两侧的石马、石羊出土于唐朝的各个陵墓，甚至连博物馆工作食堂的门前，都摆放着各式各样的拴马桩真品。

陕西历史博物馆馆藏文物达到一百七十多万件，基本陈列了整个陕西古代史。馆藏文物按照史前、周、秦、汉、魏晋南北朝、隋唐、宋元明清等七个部分划分，其中包括西周的“多友鼎”，战国时期秦国调兵用的“杜虎符”，汉高祖皇后吕雉的“玉玺印”，盛唐时期的“三彩载乐驼”等镇馆之宝。此外，还有“大唐遗宝：何家村窖藏出土文物展”和“唐代壁画珍品馆”，两处展馆均蜚声中外。壁画馆共有二十多座唐墓的近六百幅壁画，唐朝懿德太子墓中的阙楼仪仗图和永泰公主墓中出土的壁画宫女图，都是绝世国宝。

史书可以春秋笔法，出土的文物却最真实地代表着过去，是前人留给我们的第一手珍贵资料。在这片土地下，不知还埋藏着多少历史记忆的碎片，每个文物在拂去斑斑锈迹和厚厚尘埃之后，带着自己的故事静静地出现在世人面前，世人又以喧嚣的方式将它们一一讲述。对于我们来说，虽无缘亲见历史现场，但这样的观摩已经是最好的补偿。

后记

《世说新语》里有这样一个故事：东晋元帝时，国家偏安一隅，北方游牧民族南下，占领长安、洛阳，百姓受尽欺凌，史称“五胡乱华”。晋元帝常常哀叹不能收复河山。某次，有使者从长安来，晋元帝询问北方的情况，不禁流下眼泪。恰巧此时，元帝之子，不满十岁的司马绍在旁，元帝问他：“你觉得长安和太阳相比，哪个更远？”司马绍回答：“当然是太阳远，我听闻有人从长安来，没听说有人从太阳上来。”第二天，晋元帝在朝堂之上召见群臣，使者详细向大家说明了北方因长期战争，百姓人皆相食，白骨遍野，盗匪四起，朝中群臣一片啜泣。晋元帝又问司马绍：“你觉得长安和太阳相比，哪个更远？”司马绍回答：“长安远！”晋元帝说：“为何与昨日的回答不同？”司马绍回答：“举目见日，不见长安！”

“不见长安”这个故事表达了对故都的深切思恋，抬头可以见到太阳，长安却是东晋王朝回不去的故乡。东晋王室的故乡当然不是长安，但是长安对于古代任何一个王朝来说，都是华夏大一统的象征，这座城市是帝王的勋章，是文人的梦想，有盛世的光芒，当然也有“不见长安”的惆怅。

八年前，我第一次在广播中讲西安地名时，提前准备的稿子已经褶皱，头天夜里反复熟悉的内容忽然变得陌生，磕磕绊绊，当时对于这座城市历史的敬畏，以及第一次正式在省级媒体做节目的心情，至今想起仍然激动。没有恐惧，就没有勇气，后来节目越做越精致，讲述历史也越来越顺畅。很荣幸能在西安这座城市持续奋斗，前后算起来，已有十二年，我和我的团队把最好的青春留在了这里；也很荣幸我的每一本图书上市，都会持续占领西安各大书店的畅销书榜首。虽微有成绩，我却越来越谨慎，自己的学识尚属浅薄，而长安的历史浩如烟海，还好在这片土地上历来有很多优秀的前辈，他们的作品能够给我很多启迪；在活动现场，也有很多热爱这座城市的观众；还有一些朋友，给我很多资料、图书。在此对我的读者和听众以及这座城市深表感谢。我们不敢和先贤相提并论，只是沿着他们的历史足迹，给这座城市贡献一点微末的力量。

第三本书《长安处处有故事 · 西安地名》的出版，首先要感谢曹信先生、王海峰先生，从项目成型到图书出版，他们一直很支持我们团队，所谓饮水思源，对于 FM91.6陕西交通广播的培养我们一直心存感激；还要感谢陕西聚众文化传媒有限责任公司，在合作策划图书运营、制作抖音短视频等方面，总策划人颜鹏飞先生给予大力支持；也要感谢“樊登读书”的创始人樊登老师第二次为图书作序；感谢为本书提供学术支持的韩鹏杰老师、张爱萍老师、马彦群老师、王大毛老师、王喜严老师；感谢陕西人民教育出版社李晓明社长、徐纪厂先生、姜莹女士、郑丹阳女士和姚曳女士为本书在出版、编辑和销售上做出的努力和付出；还要感谢陕西金和印务的李军先生对图书印刷做出的帮助；感谢我们团队的胡珊蓉、程建臣、王慧焕、杨倩以及好友袁浩博、阳婷、秦呈辉、张帆、王丹、白鼎臣的精诚合作。

每个时代都有仰望星空的人，希望我们这群人能在长安的星空下继续追寻着前方的梦。我很喜欢新书出版前的日子，特别忙碌，特别兴奋，也特别期待。人生不是度过几十年，几百个月，而是只活几个瞬间！城市本意尘世，长安亦是常安。我们生活在大城市里，行囊轻或重，路途远或近，灵魂的孤独本就是常态，思想的相逢才是场意外。愿您在长安的每个角落，都能在我们的书中找到共鸣，找到热爱。

高　宇

于 2021年初